U0034480

New life
07

New life
07

向上思考的祕密

奇蹟製造者的困境突破術

THE POWER OF POSITIVE THINKING

諾曼・文生・皮爾（Norman Vincent Peale）／著　陳昭如／譯

New Life 7 **向上思考的祕密：奇蹟製造者的困境突破術**

原著書名 The Power of Positive Thinking
原書作者 諾曼・文生・皮爾（Norman Vincent Peale）
譯　　者 陳昭如
封面設計 林淑慧
特約編輯 洪禎璐
主　　編 劉信宏
總 編 輯 林許文二

出　　版 柿子文化事業有限公司
地　　址 11677臺北市羅斯福路五段158號2樓
業務專線 （02）89314903#15
讀者專線 （02）89314903#9
傳　　真 （02）29319207
郵撥帳號 19822651柿子文化事業有限公司
投稿信箱 editor@persimmonbooks.com.tw
服務信箱 service@persimmonbooks.com.tw

業務行政 鄭淑娟、唐家予

初版一刷 2017年07月
二　　刷 2017年07月
定　　價 新臺幣360元
I S B N 978-986-95067-0-0

國家圖書館出版品預行編目(CIP)資料

向上思考的祕密：奇蹟製造者的困境突破術／諾曼・文生・皮爾（Norman Vincent Peale）著. --一版. --臺北市：柿子文化，2017.07
面；　公分. --（New life；7）
譯自：The Power of Positive Thinking

ISBN 978-986-95067-0-0（平裝）
1.基督徒 2.成功法

244.9　　106010397

各界的強力推薦

在從事科學能量工作、色彩心理藝術治療與生命能管理的二十年過程中，我開始深深體悟到宇宙法則的萬源歸宗。我的學生及工作夥伴中有各種人種、各種國籍，以及各類宗教信徒。在各種接觸的機緣中，我也深深了解到大家雖經由不同的途徑，卻同樣能找到生命的核心力量，再以此力量創造快樂幸福的人生。

在看到英文原書時，我就非常喜歡這個題目，而它更是超過七百萬冊的暢銷書籍，足以證明現在的人們，多麼痛苦而需要向上積極的信念及簡單可行的生活方式。

隨著年歲增長及工作經驗的累積，我也感受到正向的心念可以令自己更滿意自己，禱告的力量的確是成功很大的關鍵因素，也是心靈平靜的妙方。套用作者的建議：如果你用心閱讀，仔細吸收內容，並且誠心誠意，堅持不懈地運用書裡提供的法則，就可以體驗到驚人的自我改變，改善生活處境與生存的主控權，然後改善人際關係，成為受人喜愛的人，最終擁有全新幸福快樂的感受。

親愛的朋友們，你還在等待什麼？快拿起本書，和我們一起修練幸福人生之道吧！

——**上官昭儀**，色彩能量管理學創辦人，資深心理諮詢督導

諾曼・文生・皮爾博士這本書提供了許多積極思考的方法，書中以許多案例來見證（或稱證實）其立論之有效，也符合心理學認知理論以及近年流行的正向心理學。對於一些因固執思考、負向想法所困的人，這是一本值得推薦的書。

——**王迺燕**，門諾醫院身心科主任，花蓮縣兒童暨家庭關懷協會榮譽理事長

人生是由一連串的觀念所架構起，有的人的人生越走越狹隘，財富、健康、人際關係、地位每況愈下，細細地推敲後會發現，大部分的問題不在於祖先、風水、姓名或是有沒有「點靈認主」，而是這類型的人內心都被強固地貼上不可動搖的自我否定標籤（觀念）。尤其是現今網路媒體、網路社群路處處充斥著美好的訊息，這都讓我們容易陷入一種比較與自我否定的迷失當中，卻不知道該如何學習自我肯定與拿回生命的主導權。

當我拿到這本書稿時，心中慶幸終於有一本書是客觀且多樣貌地來講述「正向思考」的修習法。近年來，許多人站在另一角度來否定「正向思考」，認為人生一味地正向思考，將陷入一種自我催眠的假相靈性成長的框架中，我是認同此說法的，但在這一本書中，作者卻

是從多角度的立場，來教導我們以正信基礎培養「正向思考」。例如：每天十五分鐘靜默、透過禱告獲得驚人的力量、正確的信仰態度與信仰療法、放鬆從肢體動作開始……，這一些都是簡單且易操作的修習法。祝福每一位翻閱此書的讀者都能從此扭轉人生。

——**宇色**，身心靈暢銷作家

這是一本可以幫助你扭轉命運的書。你只要改變想法，用對作法，就能翻轉逆境，創造全新的自己。

——**吳若權**，作家、廣播主持、企管顧問

每個人的內心世界多少放著大大小小的石頭，有的石頭代表著看不到自己優點的自卑感；有的石頭代表著困在人際關係裡的挫折感；也有的石頭是因為身體不適所造成的憂慮感。這些石頭擋住了成長的去路，擋住了海闊天空的視野，更擋住了享受每天快樂人生的可能，這樣值得嗎？

皮爾博士是一位影響力極深、極廣的牧師、演說家、作家，他一生助人無數，這是為什麼在本書《向上思考的祕密》裡，讀者可以看到許許多多的實例見證，讓各位在翻閱之際，見識到皮爾博士語言的魅力、思維的縝密，以及筆中帶著熱情的親切感。

誠如在導論中，皮爾博士說到：「這只不過是一部實用、行動導向、自我改進的手冊。它唯一的目的，就是幫助讀者得到快樂、滿足和值得的生活。」

各位讀者，渴望過著身心健康快樂的日子嗎？渴望在工作前途方面心想事成嗎？我發現，只要在語言模式、思考模式、行為模式上，跟著書中的心靈法則來學習，一定可以讓我們改頭換面，創造新的人生局面。

——**吳娟瑜**，國際演說家暨情緒管理專家

皮爾博士名聞遐邇，我年輕時，看過他的中英文雜誌《標竿》（*Guide Post*）。後來到美國讀書，更知道他的著作影響了許多人，紛紛效法他積極正面的思考模式，他也因此而成了知名牧師。

過去，皮爾牧師所主張的正向思考，正是認為只有神能給人帶來正向改變的力量。可惜有些讀者誤解了皮爾牧師所說的，以為人只需靠自己，有正向積極的想法，就會幸福，就能讓一切事情否極泰來，因而產生了「成功神學」，誤信只要啟動正向思想，一切都會順遂，但事實並非如此。

盼望讀者仔細思考皮爾博士在前言所寫的：「我從耶穌基督的教誨中找到許多答案」，那正是這本書的精髓所在。

耶穌說過：「在我裡面有平安，在世上，你們有苦難，但你們可以放心，因我已經勝了世界。」人生難免遇到橫逆，只要不懷疑，不抱怨，多禱告（見本書第十四章），繼續依靠神，祂就會在「沙漠開江河，曠野開道路」，使人化險為夷，轉危為安，經歷神蹟。

——**黃明鎮牧師**，更生團契總幹事

我推薦此書，是期望讀者能經過此書的教導，克服自己的弱點，突破人生的困境；善用積極正向思考力，活出勇敢和快樂的人生。並可藉此進一步了解本書智慧的源頭——聖經，進一步認識神，得美好生命。

——**楊國材牧師**，花蓮溪水關懷協會總幹事

國外的推薦與見證

我還記得皮爾講的話。你可以一整天聽他說話，而當你離開教堂時，你的失望就結束了。他是最偉大的人物！

——**美國總統唐納・川普**（Donald Trump）

皮爾博士的名字將永遠與樂觀、服務的美國價值觀有關。他是一個樂觀主義者，對於日益複雜的現代生活所帶來的種種負面想法，他指出，任何人都可以透過接近生活的簡單信念而獲致勝利。他服務並灌輸我們這種樂觀主義思維，在每一個基督徒、每個接觸過他作品的人，以及那些有希望的靈魂身上，都有積極性的影響。

——**美國前總統柯林頓**（Bill Clinton）

我是一個普通的青少年。我曾經是那種從來不會去思考關於人我利益關係與「積極向上思維」的人（我當時算是憤世嫉俗吧）。有一天，我讀了這本書，因為它就躺在我爸爸的辦公桌上，當時我只想看個幾頁來殺時間。但突然地，我進入了皮爾的理論裡，我開始一頁一頁地閱讀下去，之後並開始應用積極的概念到日常生活中。很神奇的，這讓我改變了對生活的態度，成為一個樂觀主義者和上帝的忠實信徒，而且還給了我成功的結果（特別是在我的學業上）。嘿，你沒有必要相信我，如果你也能有選擇，我強烈肯定，這本書將改變你的腦袋，讓你成為一個具有「向上思考力量」的人。

——**Rachelle**

這本書對我們的生活有著驚人的影響。

——**每日快報**（*The Daily Express*）

本書在出版發行六十多年後，仍然是一個在自我完善上的無價資源，而這在在證明了它提供的訊息是有價值的。如果你有興趣改變自己的生活觀，或想擁有一個更快樂、更成功的生活經驗，你就應該閱讀這本書。

——**Scott Drotar（脊髓性肌萎縮症〔SMA〕患者）**

皮爾說，我們不必只依靠自己，因為世界自有一股不可思議的力量泉源，只要我們相信它們的存在，它們就會向我們敞開大門。我們都辛苦的生活著，但宇宙自有一種力量，能夠創造美好並供應所需，懂得欣賞感恩這份力量，就能引領我們看到生命的豐沛與富足。我們必須熱切的渴望超越個人，追求比自身更遠大的力量，才能得到個人內在的力量與平靜。

這本書的目的，是希望人們能夠輕易地在生活中隨時應用。它清新易讀，令人振奮，因為其中沒有複雜技巧。你絕對可以找到一整袋實用的工具，來鏟掉所有的憤世與絕望。

—— **Tom Butler-Bowdon**

我是一個穆斯林，但我發現這本書同樣能給予我啟發，我在本書中閱讀的所有方法和技術，很容易適用於任何的宗教和信仰。諾曼在這本書中討論的思想，其實是每一個穆斯林都應該知道的，但卻已經失去並被遺忘了。非常感謝他，我現在再次與我的信仰根源得以和平相處。我建議大家能以開放的心態閱讀這本書，以便你的文化和宗教不會影響你的智力成長，以及對宇宙法則的理解。

—— **Bilal**

我在三十五年前讀了這本書，當時是我生命歷程中的一個階段，我必須離開家，進入外面的世界，而它確實幫助了我。我決定重讀它，因為在經歷過生命的不同階段後（我很快就要六十歲了），我實在不想變成一個脾氣暴躁的老太太！這個階段很容易陷入抱怨和呻吟，特別是當你在工作中聽到所有的朋友都變得消極時。

好吧，我喜歡這本書，因為它提醒我，要積極地看待生活所給你的幸福和信心，正如這本書裡的一句話：「每次你有一個負向的想法，就用一個正向的替換它。」我會永遠讓我的朋友和家人一起來享受我的所有，而我的職責與目標是，成熟的優雅和良好的心情。

——**Sally George**

如果你正在尋找一個基於信仰的自我完善指導，這本書是最好、且是當代最早的自助書籍之一，著名的神職人員諾曼・文生・皮爾解釋了如何透過「信仰科學」，以及心理諮詢和現代醫學的動態組合，來克服人內在或外在的任何障礙。他在書中教你如何消除造成恐懼和失敗的消極思想，並用「向上思考的力量」取而代之。他主張使用新約和禱告來實現和平、幸福、愛和成功。這本經典暢銷書不只是一個溫暖、自助的書。它是一個文化指標，充滿了許多宗教和實踐例子。我推薦它作為這個類型的試金石，如果你想走這條道路，請先閱讀這本書。事實上，許多今天的自我啟發的暢銷書都源於這本書。

——**J. Monette**

Part 1 培養向上思考的生活態度

Part 2 與高層力量連結的向上幸福法則

前言
Preface

簡單可行的生活哲學

我在寫這本書時，完全沒想到會發行這麼多種精裝本，銷售量更超過七百萬冊，也沒想到有一天會出這樣的平裝本，以吸引更多新讀者。坦白說，我為此懷著感謝的心，但並不是為了銷售量，而是我何其有幸，能夠向這麼多人提供一種簡單可行的生活哲學。

本書指導讀者的法則，是我為了追尋生活方式而嘗試各種錯誤，費盡千辛萬苦後得來的。我在其中找到了解決個人問題的答案。

相信我，我是個非常難相處的人。這本書是我分享自己心靈經驗的成果，如果這些經驗對我有幫助，應該也可以幫助其他人。

在構思這個簡單的生活哲學時，我從耶穌基督的教誨中找到許多答案，但我嘗試用現代人可以理解的言語和思考模式，來敘述這些真理。

這本書所見證的生活方式非常奇妙，它並不容易，真的，它通常是困難的，但充滿了喜悅、希望和成就。

我清楚記得坐下來寫這本書的那天。我知道自己還沒有能力寫出完美的作品，需要上天賜予協助。我和妻子在面對問題與做事時有個原則——請上天做我們的夥伴，因此我們懇切地禱告，將這個寫書計畫交託給祂，請求祂的指引。當書稿完成並交給出版社時，我們再次禱告，將書稿獻給上天，希望它能幫助人們心想事成。待收到出版社送來這七百多萬本書的第一本時，又是一次心靈悸動的時刻。我們感謝上天的幫助，並再次將這本書獻給祂。

這本書是為一般人所寫的，當然我也是其中之一。我出生在美國中西部一個貧窮而虔誠的基督教家庭。那裡的人都跟我一樣，我了解並深愛他們，也對他們懷有信心。當任何人將生命託付給上天掌控，祂的力量和榮耀就會奇妙地彰顯出來。

本書也是基於對人類存在痛苦、困難和掙扎的高度關懷所寫的。它指導我們如何培養內心的平靜——不是逃避生活，躲入被保護的靜止狀態，而是讓心智的平靜成為力量的中心，並從中發出驅動能量，帶來具有建設性的個人及社會生活。這是一種紮實、有紀律的生活方式——它能為戰勝自己和艱困處境的人提供高度的喜悅。

對於成功使用本書傳授的心靈技巧而感到喜悅，並寫信告訴我的讀者，以及那些還沒有這種體驗，但即將會有的人，我為他們能利用動態心靈法則改變生活而感到欣慰。

最後，我要向出版社給予的無限支持、合作與友情獻上最深的謝意。我從來不曾跟比Prentice-Hall更好的夥伴一起工作。我充滿喜悅，也迫不及待跟Fawcett Publications合作。盼望上天能讓我繼續透過這本書來幫助更多的人。

——諾曼・文生・皮爾

這本書能為你做什麼？

本書提供的許多技巧及實例，將證明你不會被任何事物打敗，可以擁有內心的平靜，改善健康狀況，並擁有無盡的能量。簡言之，你的生命可以充滿喜悅與滿足。我一點都不懷疑這點。我見過太多人學習和運用這一系列簡單的程序，而在生命中得到種種好處。這樣的主張看起來有些誇大，卻是根據許多人的真實經驗而來的。

總之，有太多人被日常生活的問題給擊垮。他們在掙扎甚至哀鳴中度過每一天，對於生命帶來的「楣運」心懷怨懟。就某種意義而言，人生中有些事純粹只是「運氣」，但仍可以透過心靈和方法，來控制或決定運氣的好壞。可惜，總有人被生命中的各種問題、煩惱和困難給擊垮。其實，這些都是可以避免的。

我這麼說，並不是忽略或看輕世間的苦難和悲劇，只是我從不讓這些事來支配我。如果你讓生活的障礙主宰了心智並達到極致，它們就會成為影響思考模式的決定性因素。學習打從心裡拋棄這些障礙，拒絕在精神上向它們屈服，在思維中引進心靈力量，就可以超越可能擊垮你的問題。只要運用我所說明的方法，生活中的困境就無法摧毀你的快樂與幸福。你之所以會被打敗，是因為心裡認為自己會被打敗。這本書要教你如何「想」才不會被擊垮。

本書的目的很直接，也很簡單，它沒有虛矯的美麗詞彙，也不企圖展示什麼驚人知識，這只不過是一部實用、行動導向、自我改進的手冊。它唯一的目的，就是幫助讀者得到快樂、滿足和值得的生活。

我百分之百衷心相信，只要確實使用這些已被證實有用的原則，就能得到勝利的人生。我的目標是在書中以合乎邏輯、簡單且容易理解的方法來闡述它們，讓需要的讀者學到實際可行的方法，進而透過運用這些方法，以及上天的幫助，創造出想要的人生。

如果你用心閱讀本書，仔細吸收內容，並且誠心誠意、堅持不懈地運用書裡提供的原則與方法，就可以體驗到驚人的自我改變。只要運用書中的方法，就可以改善或改變目前的生活處境，取得生存環境的主控權，而不是被它們主導。你和他人的關係會得到改善，你會變成一個受人歡迎、尊重和喜愛的人；善用這些原則，你將擁有全新的幸福和快樂的感受；你的健康狀況將會改善，並在生活中得到嶄新而熱切的喜悅；你會成為一個很有成就，也很有影響力的人。

為什麼我如此肯定只要運用這些原則，就能產生這些效果？答案很簡單。多年來，我們在紐約市 Marble Collegiate 教會使用心靈技巧傳授創意生活法，並仔細觀察它對數以百計的人們所發揮的影響力。這不是臆測的浮誇說法，因為這些原則歷經多年的測試，如今事實已完全證明了它的效果。這套系統是獲得成功人生最完美且驚人的方法。

我發表過的許多文章，包括幾本書、每週將近一百份日報的專欄、近十七年全國廣播節目的內容、我們的雜誌《標竿》，以及我在許多城市的演講，都是在傳授這套既科學又簡單，關於成就、健康及快樂的原則。數以百計的人們讀過、聽過，也實際使用過後，都得到同樣的成果：新生活、新力量，更有效率，也更快樂。

許多人希望我能把這些原則寫成書，以便於學習及運用，因此我以《向上思考的祕密》為名，出版了這本書。書中提到的這些效果驚人的原則，並不是我發明的，而是從古至今最偉大的老師（耶穌基督）傳授給我們的。本書傳授的是實用的心法：一套實現成功人生、既簡單又科學的實用技巧。

——諾曼・文生・皮爾

Part 1

培養向上思考
的
生活態度

1 創造自己的快樂

誰決定了你快樂或不快樂？答案是——你自己！

某位電視名人邀請一位年邁的男士上節目。他是少見的老人，說話十分即興，那些話總是從他洋溢著喜悅快樂的嘴裡冒出來。不管他說什麼，都顯得天真而適當，引得觀眾哄堂大笑，大家都很喜歡他。那位名人對他印象深刻，也跟其他人一樣很享受他說的話。

最後，他問老人為什麼這麼快樂：「你一定有什麼快樂的祕訣吧？」

「沒有。」老人回答：「我沒什麼了不起的祕訣，快樂就像臉上的鼻子，簡單得不得了。」他進一步解釋道：「早上起床時，我有兩個選擇——要嘛快樂，要嘛不快樂，你猜我怎麼做？我選擇快樂，就是這麼簡單。」

這個回答看來有點簡單過頭了，顯得那位老人好像很膚淺。不過，我記得林肯——一個沒有人會認為他很膚淺的人，曾說過，**「一個人想要多快樂，就會有多快樂。如果你想不快**

樂，只要選擇不快樂就成了，這是世界上最容易做到的事。」如果你不停地對自己說：「什麼事都不會順利，沒有什麼令人滿意的。」保證不會快樂；如果告訴自己：「事情都很順利，人生多美好，我要快樂。」絕對會得到想要的人生。

小孩比大人懂真正的快樂

小孩比大人更懂得快樂。如果能把這種心態帶給中老年人，肯定是個天才，因為他保留了上天賜給年輕人的真正快樂的精神。耶穌的精妙話語很重要，祂告訴我們在世上生活，要保持兒童的熱情與純真；換句話說，千萬別讓自己的心靈變得老派、古板或疲憊不堪，不要變成一個過於世故的人。

我的小女兒伊莉莎白今年九歲，她知道自己為什麼快樂。有一天我問她：「你快樂嗎？小蜜糖。」

「我當然很快樂。」她回答。

「你一直都很快樂嗎？」我問。

「當然。」她回答：「我一直都很快樂。」

「你為什麼很快樂？」我問她。

「我不知道。」她說：「我就是覺得很快樂。」

「一定有什麼事讓你覺得很快樂吧？」我追問。

「好吧，我告訴你是什麼。」她說：「我的玩伴，他們讓我很快樂，我喜歡他們；學校也讓我很快樂，我喜歡上學（我從來沒有對她說過這類的話），我喜歡我的老師；我也喜歡上教堂，我喜歡主日學和主日學的老師；我愛我的姊姊瑪格麗特和我的哥哥約翰；我愛我的媽媽和爸爸，我生病時，他們會照顧我，他們愛我，對我很好。」

這就是伊莉莎白的快樂方程式，所有快樂的原因——她的玩伴（那是她的同事），她的學校（她工作的地方），她的教堂和主日學校（她崇拜上天的地方），她的姊姊、哥哥、媽媽和爸爸（那意謂著愛之所在的家）。簡而言之，那就是快樂。你人生最快樂的時光，都跟那些因素有關。

有一群孩子被要求列出自己感到最快樂的事，他們的回答很動人。

男孩的清單如下：「燕子在飛；望著深而清澈的水；船頭劃過水面；火車快速通過；蓋房子的吊車吊起很重的東西；我的小狗的眼睛。」

女孩覺得快樂的事情是：「河水反映出街燈的光；樹林裡的紅色屋頂；煙囪升起的煙；紅色的天鵝絨；雲中的月亮。」

雖然他們表達得不夠清楚有條理，但列出來的這些事，反映了宇宙某些美的本質。要做一個快樂的人，要有清明的靈魂，能在平凡中看到浪漫想像的雙眼，而且必須擁有童心和單純的心靈。

別老是想著不快樂

不快樂是自己造成的。這當然不是說所有的不快樂都是自己造成的，因為許多苦惱來自於社會條件。不過，**從人生中汲取出快樂或不快樂，很大程度是受到思維與態度的影響。**

有位知名專家說：「有五分之四的人都沒有真正做到快樂。」他又說：「不快樂是最常見的心理狀態。」我不敢說人類的快樂程度這麼低，但我的確發現，不快樂的人已經多到我都不想再計算了。快樂隨手可得，要得到它一點也不困難。任何渴望、想要它的人，只要學習與使用正確的方法，就可以變成快樂的人。

我坐在火車的餐車裡，對面坐著一對不認識的夫妻。那位妻子的皮大衣、鑽石和套裝，讓她顯得十分貴氣，但她很不快樂。她嗓門有點大地說，餐車很髒，外面的風從縫隙吹進來，服務很糟，食物難以下嚥。她對每件事都能抱怨，看起來十分煩躁。

她的丈夫則正好相反，是個和藹有禮、一派自在的人，顯然有能力應付各種事情。我感覺他對妻子的尖銳態度有點尷尬，也有點失望，他是為了享樂而帶她出來旅行的。

為了改變話題，他問我從事哪一行，並告訴我他是律師。然後，他犯了個大錯，因為他接下來笑著說：「我太太在製造業工作。」

這點令人驚訝，因為他的妻子看起來不像是工商界人士或經理人。於是我問他：「她製造什麼？」

「不快樂。」他回答：「她製造自己的不快樂。」

這段魯莽的評論，立刻讓寒氣籠罩了整個餐桌。但我很喜歡這個說法，因為他完全正確地描述了許多人正在做的事——他們的不快樂是自己造成的。

令人遺憾的是，人生原本就有那麼多問題會減少快樂，如果我們又在心裡製造更多的不快樂，真是太愚蠢了。在無法掌控的問題之外，再製造出個人的不快樂，真是有夠傻的！

與其強調如何製造自己的不快樂，不如找出方法，停止這個製造悲苦的過程。這麼說吧，**我們製造出自己的不快樂，是因為總是想著不快樂**。我們慣於用負面心態看待事情，覺得諸事不順，覺得別人得到不該得的好處，而我們卻得不到該有的報償。

我們之所以不快樂，是因為內心充滿忿怒、惡意和憎恨的情緒，而進一步強化了不快樂。恐懼和憂慮則在製造不快樂的程序中，扮演了最重要的角色，本書將在其他章節討論這點。在此，我只想強調：多數人的不快樂是自己製造出來的。那麼，該如何製造出快樂，而不是不快樂呢？

你有製造快樂的習慣嗎？

在一次火車旅途中發生的事，或許可以提供答案。某天早上，在一節老式車廂的男士休息室裡，大約有六個人在刮鬍子。一群陌生人在車上過了一夜，擠在如此狹小的空間，自然不會太愉快，彼此之間也少有對話，頂多只是喃喃自語。

後來，有位男士滿臉笑意地走進來，愉悅地向大家說早安，但得到不太熱切的回應。他一邊刮鬍子，一邊哼著活潑的曲調，也許只是無意識地哼著。但他這麼做卻觸怒了某些人，有人語帶諷刺地說：「你今天早上顯然很快樂！有什麼好高興的？」

「是啊！」那個人回答：「我的確很快樂，我真的覺得很開心。我有快樂的習慣。」

我敢說，休息室裡的每個人，在下車時都會記得這句話，「我有快樂的習慣。」

這句話蘊含很深的道理，因為我們的快樂或不快樂，有很大程度是取決於習慣。《舊約・箴言》裡匯集了許多智慧話語，它告訴我們：「……心中歡暢的，常享豐筵。」（箴言15:15）換句話說，**若能培養快樂的心情，發展快樂的習慣，人生將會是一場連續不斷的盛宴，就能享受生命中的每一天。有快樂的習慣，就會有快樂的人生。**習慣是可以培養的，因此我們具有創造幸福的力量。

只要簡單練習快樂的思考，就能建立快樂的習慣。你可以在心裡列一張快樂想法的清單，每天檢視幾遍。只要冒出任何不快樂的想法，就立刻停下來，有意識地排除它，換一個快樂的想法。每天早上起床前，放輕鬆地躺在床上，有意識地把快樂的念頭放在心裡，想像當天會發生的每個快樂的經驗，想像那一連串的場景，品嚐它們帶來的喜悅。這麼想，絕對有助於事情朝快樂的方向發展。千萬不要認定當天諸事不順，只要你這麼想，真的就會諸事不順，給自己招來大大小小、製造不快樂的條件。最後，你會反問自己：「為什麼每件事都搞砸了？這是怎麼一回事？」

原因可以直接追溯到你當天起床時腦袋裡的想法。

明天就試試這個方法吧！當你起床時，大聲說這句話三次：「這是上天所定的日子，我在其中要高興歡喜。」請以堅定清晰的聲音、樂觀的加強語氣複誦它。這句話改編自《聖經》，它是治療不快樂的極佳解藥。只要你在早餐前說三次，並深思它的意思，就能以快樂的心情展開，並改變一整天的基調。

換衣服、刮鬍子或吃早餐時，請大聲說出下面這段話：「我相信今天會是美好的一天。我相信我能順利處理今天所有的問題。我覺得身體、精神和情緒各方面都很好。活著真好，我為過去、現在和未來擁有的一切而感恩。一切都會很順利，上天在這裡，祂和我在一起，幫助我度過難關。我為每一件美好的事而感謝上天。」

我認識一個很不快樂的傢伙，總是在吃早餐時對妻子說：「今天又是倒楣的一天。」他未必真的這麼認為，而是他有個古怪的想法，認為如果他說今天不好過，結果可能就會挺好的。可是，情況真的開始變差了。其實，這個結果並不令人意外，如果你想像並堅信事情會有不快樂的結局，就會創造出那樣的條件。所以，每天一開始就堅信有快樂的結果，事情照那樣發展下去的機率，將會大到令你吃驚。

愛與善意是快樂生活的基本原則

不過，即使按照我前面的建議，在心裡練習這個重要的正向肯定法，恐怕還是不夠，除非你能以快樂生活的基本原則，做為一天行為態度的準則。

最簡單也最基本的快樂生活原則之一，就是愛與善意。真誠地表達同情與善意所產生的幸福感十分驚人。我的朋友山繆・舒馬克博士（Dr. Samuel Shoemaker）[1]寫過一篇關於我們共同的朋友羅森・楊（Ralston Young）的感人故事。

羅森・楊是紐約中央車站知名的「四十二號紅帽」[2]。他在全世界最大的火車站幫旅客提行李，不過他真正的工作是活在基督的精神裡。他在提行李時，會分享教會團契的事。他會注意觀察旅客，看看能用什麼方法提升對方的勇氣和希望，而且做得很有技巧。

例如，有一回他負責帶領一位矮小的老婦人上車廂。婦人坐在輪椅上，他帶對方去坐電梯。當他推著輪椅進電梯時，看見婦人的眼裡充滿淚水。電梯下降時，羅森・楊閉上眼睛問上天，他該如何幫助她？上天給了他一個點子。當他將婦人推出電梯時，他微笑地說：「夫人，請你別介意我這麼說，你的帽子真是漂亮極了。」

她抬頭看著他說：「謝謝你。」

他說：「還有，你的衣服也漂亮極了，我很喜歡。」

身為女人的她聽了很高興，就算身體不舒服，她仍喜形於色地問：「你為什麼要對我說這麼好聽的話？你真體貼。」

「這個嘛……」他說：「我看見你很不快樂，而且你還哭了，所以我問上天該怎麼幫助你。上天說：『跟她談談她的帽子。』至於衣服，那是我的主意。」羅森・楊和上天共同聯手，知道如何把一個女人的心思從苦惱中轉移開來。

他又問：「你覺得好過些了嗎？」

「不。」她回答：「我一直都處於疼痛之中，從來不曾間斷，有時候，我覺得痛得快受不了了。你是否了解一直處於疼痛的感覺是什麼？」

羅森答道：「是的，夫人，我懂，因為我失去了一隻眼睛，而它沒日沒夜地痛著。」

她說：「但是，你現在看起來挺快樂的。你是怎麼辦到的？」

這時，他已經把婦人安置在車廂的座位上。他說：「只要禱告，夫人，只要禱告。」

她輕聲地問：「只要禱告，就可以消除疼痛嗎？」

「這個嘛……」羅森回答：「也許不是每次都行。不過，它每次都能讓疼痛減輕一點。只要持續禱告，夫人，我也會為你禱告。」

她的淚水已經乾了，帶著迷人的笑容抬頭看他，還拉著他的手說：「你對我真好。」

一年過去了。有一天晚上，中央車站詢問處呼叫羅森・楊，要他過去。那裡有位年輕女子對他說：「我是替一位過世的人帶話給你。我母親過世前要我來找你，她要我告訴你，去年你幫她推輪椅上車廂時，幫了她很大的忙。她永遠記得你，來世亦然。她會記得你，因為你是那麼體貼、親切又善解人意。」說完，年輕女子立刻哭了出來，悲傷地抽泣著。

羅森安靜地看著她，然後說：「別哭，小姐，你不該哭的。禱告感恩吧。」

那女子驚訝地說：「為什麼我要禱告感恩？」

羅森說：「因為許多人在比你還小時就成了孤兒。你擁有母親很多很多年，而且你仍然擁有她。你將再度看到她，她現在跟你很親近，永遠都會跟你很親近，或許在我們說話的此刻，她就跟我們在一起了。」

她的抽泣停了，淚水也乾了。羅森對女子的體貼，就像對那位母親一樣起了作用。在這座巨大的車站裡，數以千計的人潮來來去去，但這兩個人都感應到了一個存在。是上天啟發了這個了不起的「紅帽子」，他以這種方式散播愛，滿足眾人的需要。

托爾斯泰說：「有愛的地方就有上天。」我們可以補充一點，那就是：上天和愛在哪裡，幸福快樂就在哪裡。所以，創造快樂的實用原則，就是實踐愛。

用充滿活力的心靈來支持快樂原則

我的朋友H・C・麥特（H. C. Mattern）3是個真正快樂的人。他與同樣快樂的妻子瑪麗為了工作而奔走於全國各地。麥特的名片很獨特，背面印著帶給他與妻子，以及數以百計有幸見過他們，並受到影響的人們的快樂哲學。

名片上印著：**「得到快樂的方法：內心不懷恨，不憂愁，簡單生活，減少欲望，努力付出。心中充滿愛，散播喜悅。無我無私，關懷他人，待人如己。如此實踐一週，成果會讓你感到訝異。」**

讀了這些文字後，你可能會說：「這不過是老生常談。」其實，如果你從來沒有這麼做過，對你而言就是新的觀念。當你開始這麼做，就會發現它是最新、最活潑、最驚人、最能讓你的人生快樂的方法。如果你從來都沒有實際運用過，就算聽過這些原則，又有什麼用？這個一個家門口就有黃金，卻一輩子窮困潦倒的人，只是顯露出他的人生態度有多麼愚蠢。這個簡單的哲學，就是得到快樂幸福之路。

為了讓快樂原則發揮應有的效力，必須以充滿活力的心靈來支持。擁有心靈原則卻沒有心靈力量，是不可能得到效果的。內心與精神經歷過充滿活力的心靈改變，製造快樂的念頭就特別容易成功。只要你使用這個心靈原則，不管多麼不熟練，都會漸漸感受到內在心靈的力量，我向你保證，這麼做會感受到前所未有的、滿盈的快樂。只要你過著以上天為中心的生活，那種快樂就會與你長相左右。

我在國內各地旅行時，愈來愈常遇到名副其實的快樂者，他們多數使用我在書中所說的方法。我也在其他書籍、文章或演講時介紹過，而其他作者和演說者，也向願意接受新思維的人宣傳過這個方法。人們經由內在心靈的改變，能將快樂的能力內化，這真的很驚人。如今，各地都有人體驗過這個過程。

前不久，我剛在某個地方結束演講，一位高大健壯、外表帥氣的男士來到我面前。他在我肩上拍了一下，力氣大到我差點就被撂倒了。

「博士。」他以低沉的聲音說：「要不要跟大夥兒見個面？我們在史密斯家辦派對，希望你也能來。那是個愉快熱鬧的派對，你一定要來。」他以吸引人的方式提出邀約。

我有點猶豫，但我怕讓那位男士掃興，便開始為自己找藉口。

「喔，沒關係。」這位新朋友說：「別擔心，這是屬於你這種人的派對，你會很驚訝的。來吧，你一定會很開心。」

於是我答應了，跟著這位活潑爽朗的朋友一起去。我們很快就來到一棟坐落於樹林中的大宅，一條寬闊蜿蜒的車道直接通到前門。屋裡傳來的聲音，顯示裡面正在進行一場熱鬧的派對，我有點疑惑，不知道自己來到了什麼地方。主人一邊大聲介紹，一邊把我拉進房間，光跟大家握手就花了不少時間，他把我介紹給一群興高采烈的人，每個人都快樂而喜悅。

我環顧四周想找調酒吧檯，卻沒有找到。這裡只有咖啡、果汁、薑汁汽水、三明治和冰淇淋，而且數量龐大。

我對朋友說：「這些人在來這裡之前，一定在其他地方吃過什麼了。」

他有點訝異地說：「在其他地方吃過什麼？喔，你不了解，他們確實很有精神，但不是你以為的那種『精神』[4]。我很驚訝你會這麼想，你難道不了解，是什麼讓這群人這麼快樂？因為他們的心靈獲得重生，他們得到某些東西，自身得到了解放。他們發現上天是活生生、最重要的、至善的存在。」他說：「沒錯，他們確實很有精神，但不是你從瓶子裡倒出來的那種精神，他們的精神來自於內心。」

我看著這群人，明白了他的意思，他們不是滿臉憂愁、乏味無聊的人，他們是這個市鎮的領導菁英，包括工商企業主、律師、醫師、教師、社會名流，還有一般人。他們在派對上高興地談論著跟上天有關的話題，而且討論的方式很自然，彼此交換著經由恢復心靈力量而改變人生的經驗。

有些人有種幼稚的看法，以為如果有宗教信仰就不可能歡笑及快樂，他們實在應該去參加那個派對。

我離開派對時，想到《聖經》裡的一句話：「生命在他裡頭，這生命就是人的光。」（約翰福音1:4）。我在那些快樂的人臉上，看到的就是這個光，那是一種內心的光，反映在他們臉上，**那個光來自於他們接納生氣煥發的心靈特質**。生命就是活力，顯然這些人從上天那裡得到了活力，他們發現了創造快樂的力量。

在你閱讀本書時，要相信你讀到的內容，因為它是真的；然後使用書中的實用建議，你會感受到高品質的快樂心靈經驗。我知道你一定會，因為很多在本書裡提到的人，都用同樣的方法得到嶄新的活力人生。當你的內心改變以後，創造的不再是不快樂，而是品質與特性都難以想像的快樂，甚至會讓你懷疑自己是否還活在過去的世界。

事實上，那不是同一個世界，因為你已不再是原來的你。**你是什麼樣的人，將決定你生活在什麼世界；你改變了，你的世界也會跟著改變。**

如果快樂與否是被思維所決定，那麼就得把製造沮喪和氣餒的思維給趕走。你可以這麼做：首先，下定決心；其次，利用我向一位商人建議的簡單方法。我在某個午餐會遇到他，我很少聽到像他這麼憂鬱的人說的話。如果我容許他所說的話影響我，那段對話肯定會變得超級沮喪，因為他的話極度悲觀。

聽他說話，會讓你以為一切都將毀滅。當然，那個人很疲憊，經年累月堆積的問題已淹沒了心靈；他的心靈想尋求解脫，想退出這個無法因應的世界，心靈能量已然消耗殆盡。他最大的問題在於沮喪的思維，而他的心靈需要注入光亮與信心。

因此，我有點不客氣地說：「如果你想快樂一點，就不要一副悲慘的模樣，我可以給你一些東西，讓你安頓下來。」

「你能做什麼？」他哼了一聲，「你是奇蹟製造者嗎？」

「不是。」我回答：「不過，我可以讓你與奇蹟製造者聯繫，他會清除你所有的不快樂，讓你對人生有全新的看法。」

我說的話顯然引起了他的興趣。他後來跟我聯繫，我給了他一本我寫的小冊子《思想改造》，裡面編選了四十個製造健康與快樂的思維。那是像口袋書的小冊子，我建議他隨身攜帶以便於參考，使用四十天，每天記住一段話。我也建議他把每段話都記下來，讓它進入意識，想像這些健康的念頭在內心發揮平靜的療效。我向他保證，只要按照這些建議，健康的思想會除去那些減損喜悅、能量與創造力的念頭。

起初他覺得這個方法有點奇怪，也有點懷疑，但還是照做了。大約過了三週，他打電話給我，大叫說：「天啊，這真的很管用！太奇妙了，我已經擺脫不愉快的情緒，我以前絕不相信有這種可能。」

他一直維持在「擺脫不愉快情緒」的狀態，成為名副其實的快樂人，而因為他很善於運用力量來創造快樂，結果就是這麼令人開心。後來他說，他的第一個心理障礙，就是誠實面對事實：「雖然不快樂讓他感到悲慘，但他習慣處於自我憐憫和自我懲罰的狀態。」他知道這些病態思維是問題的根本所在，卻沒有付出努力去改變，想要改變的意志力不足以讓他實際著手。

不過，當他按照指示，開始有系統地把健康的念頭放在心裡，他便開始想要擁有新的人生；然後，他發現了令人興奮的事實——他可以擁有新的人生；最後更驚人的事實是——他得到新的人生。經過三個階段的自我改善，新的快樂就在他身上「爆開」了。

向上思考力

如何創造快樂？

1. 每天早上起床前，有意識地把快樂的念頭放在心裡，想像當天會發生的每個快樂經驗，想像那一連串場景，品嚐它們帶來的喜悅。
2. 起床時，大聲說三次：「這是上天所定的日子，我在其中要高興歡喜。」
3. 在梳洗更衣時，大聲說出下面這段話：「我相信今天會是美好的一天。我相信我能順利處理今天所有的問題。我覺得身體、精神和情緒各方面都很好。活著真好，我為過去、現在和未來擁有的一切而感恩，一切都會很順利。上天在這裡，祂和我在一起，幫助我度過難關。我為每一件美好的事而感謝上天。」

4. 每天一開始就堅信有快樂的結果，而事情照此發展下去的機率，將會大到令你吃驚。
5. 列一張快樂想法的清單，每天檢視幾遍。
6. 得到快樂的方法：不懷恨，不憂愁，簡單生活，減少欲望，努力付出。心中充滿愛，散播喜悅。無我無私，關懷他人，待人如己。如此實踐一週，成果會讓你感到訝異。

註解

1. 山繆・舒馬克博士（一八九三至一九六三年）：美國聖公會牧師，「匿名戒酒會」（Alcoholics Anonymous）共同創始人之一。
2. 二十世紀初，紐約中央火車站前有許多替旅客提行李上車，以換取小費的零工。後來有人成立組織，並用紅色棒球帽做為識別，爭取到車站的認可。羅森・楊的臂章號碼是「四十二」，他有個外號叫「中央車站主教」。作者所引用的文章，發表在巴爾的摩《*Afro American* 週報》（一九四六年四月十三日）。
3. H・C・麥特是皮製家具修復商。他在窮途末路、曾考慮自殺時，讀了《快樂之鑰》後，突然想出一種化學配方，可將舊皮件修復如新，從此事業成功，並積極傳播人生快樂之道。
4. 「spirit」還有「烈酒」的意思。

2 不要忿怒及抱怨

許多人因忿怒和抱怨而導致力量與能量的散失，讓人生陷入不必要的困境中。你曾經「忿怒」和「抱怨」嗎？如果是的話，你就有可能如此。「忿怒」（fume）這個字的意思是激動、發火、爆發、發洩、焦慮、狂亂、大發雷霆。「抱怨」（fret）這個字也很生動，它讓人聯想到生病的小孩在晚上半哭半抱怨地使性子，一會兒停，一會兒鬧，它有著激怒人、讓人厭倦、不耐煩的特性。哭鬧是個幼稚的字眼1，但可用來描述許多大人的情緒。

《聖經》建議我們「不要心懷不平……」（詩篇37:1），這正是給這個時代的人的最佳建議。

如果我們想過著有意義的人生，並享有寧靜和平，就必須停止忿怒與抱怨，但要怎麼樣才能做到呢？

急迫的生活節奏會把靈魂撕成碎片

首先，必須縮短生活步伐，至少要減緩生活節奏。我們從沒意識到，自己的生活步調已經快到什麼程度，也沒認清自己的生活速度有多急。很多人因為急迫的生活步調而毀了健康。更可悲的是，也把自己的心智與靈魂撕成碎片。

一個人可能外表看起來過得很平靜，情緒卻維持在緊張狀態。從這個角度看，即使是病弱殘疾的人，也可能過著步調緊張的生活。思維決定情緒的步調，當心靈不斷地從狂熱焦躁的心態轉變成另一種類似的心態，也會變得激動興奮，於是便陷入暴躁易怒的狀態。

如果我們不想受到現代生活的過度刺激與興奮的影響，讓它們嚴重削弱身心的能量，就必須放慢生活步調。這種過度的刺激會在體內產生毒素，造成情緒性疾病；它會造成疲憊與挫折，讓我們對個人困境，乃至國家及世界現狀，都充滿忿怒和抱怨。

如果這種不安的情緒對生理有如此明顯的影響，它對內在深層的核心，也就是靈魂的影響，又是什麼呢？

如果生活步調倉促而快速，靈魂就不可能平靜。上天不會走得那麼快，祂不會努力跟上你。事實上，祂說：「如果你一定要用這麼快的步調，那就去吧，當你累壞了的時候，我會治癒你。但是，如果現在你放慢生活及行動步調，而且活在我的裡面，我可以讓你的人生變得更豐富。」上天的行動是平靜、緩慢，且有完美的安排。上天恰如其分地成就萬事萬物，一點都不急促。祂既不忿怒，也不抱怨；祂平靜而安詳，也很有效率。

就某種意義來說，這是個可悲的世代，尤其是住在大都市裡的人，都受到了神經緊張、虛假的興奮與噪音的影響。這個問題已延伸到鄉村，因為廣播電視的電波也會傳播緊張。

記住耶穌的話：「你們來，同我暗暗的到曠野地方去歇一歇。」（馬可福音6:31）就在寫下這些話時，我想起了必須提醒自己這麼做的某個情境，並且強調：如果期待人生能從寧靜中受益，就必須不間斷地修練，讓自己保持在寧靜的狀態。

某個秋日，我和妻子到麻薩諸塞州的迪爾菲爾德中學（Deerfield Academy）探望我們的兒子約翰。我們事前告訴他，將在早上十一點到達。我們向來以保有準時的傳統為傲，因此，當行程與預期有些落後時，我們便以極危險的速度行經秋日美景。

妻子說：「諾曼，你看到那個美麗的小山丘了嗎？」

「什麼小山丘？」我問。

「在那邊，剛剛過了。」她解釋道：「那裡有一棵美麗的樹。」

「什麼樹？」我已經開車超過它快兩公里了。

「這是我見過最美的日子。」妻子說：「你怎麼能想像，這些新英格蘭山丘在十月有這麼令人驚豔的顏色？事實上，它讓我快樂極了。」

她的話打動了我。於是我往回開，停在湖畔，湖的背景是充滿秋天色彩的高聳山丘。我們坐下來，一邊看著美景，一邊沉思。上天用祂奇妙的手法，把這片景色塗上只有祂能調出來的複雜色調。靜靜的湖水反映著祂的榮耀，令人難以忘懷的山丘美景，顯現在如同鏡子般的湖面上。

我們一語不發地坐了好一會兒，直到妻子用最恰當的說法打破了寂靜，「祂領我在可安歇的水邊。」（詩篇32:2）後來，我們在十一點抵達迪爾菲爾德中學，而且毫無倦色。其實，我們的身心都煥然一新。

為了減少全國民眾共有的緊張，你可以放慢生活步調。你必須放慢步調，安靜下來，不要忿怒，不要抱怨。練習保持平靜，實踐「神所賜出人意外的平安」（腓利比書4:7），注意記取心中油然而生的平靜力量。

有位因「壓力」而被迫休息的朋友寫信給我說：「我在被迫休息的這段期間，得到不少教訓，我比以前更加了解，人在寧靜中才能意識到祂的存在。人生可能變得一團混亂，但老子說：『混濁的水安靜下來，就會慢慢澄清[2]。』」

某位醫師給病人一個奇怪的建議。這位病人是野心勃勃、充滿雄心壯志的商人，他激動地告訴醫師，自己有許多工作要做，而且必須立刻完成，否則就完蛋了。

「我每天晚上都把公事包帶回家，裡頭裝滿了待辦的工作。」他語調緊張地說。

「你為什麼要把工作帶回家？」醫師平靜地問他。
「我必須把它做完。」他忿怒地說。
「沒有其他人嗎？沒有人幫你嗎？」醫師問。
「沒有。」那個人厲聲回答：「我是唯一能做的人。這些工作必須要做正確，但只有我做得到，而且必須盡快完成。每件事都得靠我。」
「如果我開處方給你，你會照做嗎？」醫師問他。
信不信由你，以下就是醫師開的處方：每天挪出兩小時散步，每週花半天待在墓園。
病人驚訝地問：「為什麼要花半天待在墓園？」
醫師說：「我希望你能到那裡逛逛，看看永遠躺在那裡的人的墓碑。我要你仔細想想，許多在那裡的人跟你有同樣的想法，以為全世界的責任都在自己肩上。好好思考一下這個嚴肅的事實：等你永遠躺在那裡，世界照樣繼續運轉。其他跟你一樣重要的人，將會擔負起你現在做的事。建議你在一座墓碑前唸這句話：『在你看來，千年如已過的昨日，又如夜間的一更。』（詩篇90:4）」
那位病人聽懂了。從此，他放慢生活步調，學會授權。他恰如其分地了解自己的地位與角色，不再忿怒與抱怨，然後，他得到了平靜。值得一提的是，他的工作品質更好了，公司發展得更有競爭力，他承認自己的事業做得比以前更成功。

練習平靜

某位參加過大學划船冠軍隊的前任隊員告訴我，他們能幹的划船教練經常提醒他們：「要贏得這場或任何一場比賽，必須慢慢划。」他說，划得太快，容易打亂划船的動作；動作一亂，全體隊員就很難恢復贏得比賽必須有的節奏，而其他隊伍就會立刻超越這個節奏錯亂的隊伍。這確實是很有智慧的建議——**要快，就得慢慢划**。

為了慢慢划或慢慢做，必須保持穩定的步調，習慣快節奏的人若要達到這個理想，必須讓內心及靈魂與上天的平靜協調一致，包括他的神經和肌肉也是如此。

你是否想過在肌肉和關節裡充滿上天平靜的重要性？當關節裡有了上天的平靜，或許就不會那麼痛了。當上天的平靜控制了肌肉的動作，就會動得很協調。每天放輕鬆地躺在沙發或床上，想著從頭到腳的每一塊肌肉，逐一對它們說：「上天的平靜觸摸著你。」然後練習「感受」那種平靜流過全身。你的肌肉和關節會逐漸注意到它的存在。

放慢下來，如果你能不帶壓力、不勉強地朝著目標前進，不論想要什麼都能得到。如果依據上天的指引，用祂不急不徐的步調進行，卻得不到想要的結果，這表示它本來就不存在。如果你得不到想要的東西，或許是你本來就不該得到。所以，請培養正常、自然、依照上天安排的步調，練習並維持內心的平靜，學習讓興奮感離開的藝術。要做到這點，請你每隔一段時間就停下來確認：「我現在要放棄興奮的感覺，它正從我身上流出去。我感到很平靜。」不要忿怒，不要抱怨，練習保持平靜。

為了達到高效率的生活狀態，建議你必須經常思考平靜。為了適度維持身體的健康，我們每天都會做一連串的事：洗澡、刷牙、做運動。與此類似的是，我們也應該花時間維持心智的健康。有個方法是安靜地坐著，心裡想著許多關於寧靜的念頭。例如：想像記憶中巍然聳立的群山，霧濛濛的河谷，陽光斑爛、有鱒魚悠游的溪流，水面上映照的銀色月光。

每二十四小時至少有一次，而且最好是在一天最忙碌的時刻，慎重地停下手邊的事，保持安靜十到十五分鐘。

有時候，我們必須毅然停下匆忙的生活步調。這裡必須強調的是，只有完完全全地停止，才是真正停下來。

有一次，我到某個城市演講，一群人來車站接我。我立刻被送到某家書店參加簽名會，接著又到另一家書店的簽名會。他們匆忙地把我送到午餐會，急忙吃完午餐後，又把我送去開會。會議結束後，我立刻被送回旅館換衣服，趕去參加歡迎會，那裡有好幾百人，我喝了三大杯水果調酒，然後又匆匆地被送回旅館，只有二十分鐘可以換衣服。我正在換衣服時，電話響了，有人告訴我：「快點，快點，我們必須立刻下樓吃晚餐。」

我激動地說：「我馬上下去。」

我立刻衝出房間，情緒緊張地差點無法把鑰匙插進鑰匙孔。我慌慌張張地確定全身穿戴妥當，往電梯方向跑去。突然間，我停下來，上氣不接下氣地反問自己：「這是怎麼一回事？這樣不停趕來趕去的意義是什麼？真是太可笑了！」

我決定不再接受擺布，於是對自己說：「我不在乎去不去吃晚餐，我不在乎要不要演講。我不需要吃晚餐，也不需要演講。」我從容不迫地走回房間，慢慢打開房門的鎖，打電話給樓下的人說：「如果你們要吃飯，就去吃吧。如果你們幫我保留一個位子，我一會兒就下去，不過我再也不要趕來趕去了。」

我脫下大衣，坐下來，脫掉鞋子，把腳放在桌上，就這麼坐著。然後，我翻開《聖經》，以緩慢的速度大聲朗讀：「我要向山舉目。我的幫助從何而來。」（詩篇121:1）我闔上《聖經》，對自己說：「來吧，把日子過得緩慢一點，輕鬆一點。」然後我確認，「上天在這裡，祂使我得到平靜。」

「我不需要吃東西。」我心想，「反正我已經吃太多了。而且，晚餐可能也不怎麼樣。如果我現在平靜一點，八點的演講會說得更好。」

我坐在那裡休息禱告了十五分鐘。我永遠不會忘記，當我走出房間時所擁有的平靜及自我掌控感，有種克服了什麼、能控制情緒的榮耀感。當我走到餐廳，他們才剛吃完第一道菜，我只錯過了湯品，大家也知道，這不算什麼損失。

這是關於上天療癒力量的驚人經驗，我只不過是停下來，安靜地讀了《聖經》，虔誠地禱告，花點時間想想有關平靜的念頭，就得到這些重要的價值。

平靜的人生哲學讓人更健康

通常醫師認為，實踐「不忿怒、不抱怨」的哲學或方法，可以避免或克服生理的不適。有位紐約市民說，醫師建議他來我們教會的診所，並對他說：「你需要培養平靜的人生哲學，你的力量已經枯竭了。」

「醫師說，我把自己逼到死角，我太過神經緊張，太容易生氣，有太多忿怒及抱怨。」他下了結論：「我的醫師聲稱，唯一能治癒我的，就是培養『平靜的人生哲學』。」

我的訪客站起來，在房間裡走來走去，大聲問：「我到底該怎麼辦，才能做到他說的？說比做容易多了。」

這位激動的紳士繼續說，醫師給他那些培養平靜的人生哲學之建議，確實很有智慧，「但是，醫師建議我來教會找你，他覺得，如果我學會以務實的態度使用信仰，能讓我的心靈平靜、血壓下降，我會覺得比較健康。雖然我理解他的處方很合理，可是像我這樣五十歲、個性又容易緊張的人，怎麼可能突然改變一輩子的習慣，培養所謂平靜的人生哲學？」

看來這的確是個問題，因為他是個既衝動又暴躁的人。他在室內不停地踱步，猛敲桌子，聲音高亢，看起來既困惑又沮喪。顯然他表現出了最壞的一面，不過也把他人格深層的狀態清楚展現了出來，讓我們有深刻了解他的機會，並藉此幫助他。

我沒說什麼，便開始朗誦《聖經》的話，包括：「凡勞苦擔重擔的人，可以到我這裡來，我就使你們得安息。」（馬太福音11:28）然後是：「我留下平安給你們，我將我的平安賜給你們，我所賜的，不像世人所賜的。你們心裡不要憂愁，也不要膽怯。」（約翰福音14:27）還有：「堅心倚賴你的，你必保守他十分平安。」（以賽亞書26:3）

我一邊默想，一邊緩慢而從容地朗讀。當我在朗讀時，注意到對方已不再激動，安靜了下來。我們安靜地坐著，可能坐了幾分鐘，也許沒那麼久，最後，他深吸一口氣。

「怎麼會這樣，真有趣。」他說：「我覺得好多了。這不是很奇怪嗎？我猜是那些話的關係。」

「不只是那些話。」我說：「雖然它們確實對心靈有影響，但某些更深奧的事在剛才發生了。祂，那位有療癒神力的醫師，在一分鐘前觸動了你，祂在這個房間裡存在過。」

我的訪客對這個說法並不驚訝，反而熱情且急切地同意我，而且臉上充滿了確信的神情。「對，祂確實在這裡，我感覺得到祂的存在，我了解你的意思。現在我知道，耶穌基督會幫助我培養平靜的生活哲學。」

這個人理解到目前有愈來愈多人發現到的事：信仰並實踐基督教的原則和方法，可以得到平安與寧靜，使身、心、靈產生新的力量，它是對治忿怒和抱怨最完美的對策，它幫助人變得更平靜，並從新的資源汲取力量。

我們當然必須教這個人新的思考與行動模式。一部分是建議他閱讀心靈專家的作品，另外也指導他如何上教堂，如何把做禮拜當成療法，讓他學習如何科學地運用禱告和休息。這些練習與實踐的結果，終於使他變成一個健康的人。

我相信，任何願意依照這個計畫，誠心將這些原則實踐在日常生活中的人，都能培養出內在的平靜與力量。本書對於這些方法有許多的說明。

從放鬆肢體動作開始

我們必須保持情緒穩定，控制情緒沒有妙方或捷徑，雖然讀書會有幫助，但不能只靠讀一本書就做到，唯一確實有效的方法，就是規律、持續、科學地培養具有創意的信仰。

建議你從「全身保持靜止不動」這個簡單步驟做起。不要在地板上踱來踱去，不要把手絞來絞去，不要搥打東西、大叫、爭執或走來走去，讓自己興奮得不知所措。人在激動時，肢體動作會變得誇張。

因此，從最簡單的做起，也就是說，放鬆肢體動作。站著不動，坐下，躺下，當然也要把說話的音量放低。

在培養平靜的控制力時，腦海裡必須要有鎮靜的念頭，因為身體對心念的反應很敏感。同樣的，先把身體安頓下來，心念也會平靜下來；也就是說，**肢體狀態可以誘發你想要的心智狀態**。

在某次演講時，我舉了參加某次委員會議時發生的事。一位男士對我說，這個故事讓他印象十分深刻，並將教訓記在心裡。他試過故事裡提到的方法，並告訴我，這對於控制忿怒和抱怨非常有效。

那次，我參加一個討論氣氛不太愉快的會議。大家的脾氣都不好，有人已顯得煩躁不安，彼此充斥著犀利的言詞。這時，忽然有人站起來，從容不迫地脫下西裝，鬆開領口，躺在沙發上。他的舉動讓大家很訝異，有人問他是不是不舒服。

「不是。」他說：「我很好，但我快要生氣了，聽說躺著比較不容易生氣。」

我們聽了都大笑起來，緊張的氣氛也消失了。然後，這位古怪的朋友繼續解釋自己「耍了點小招術」。他說，自己的脾氣暴躁易怒，當他覺得自己快要發脾氣，正握緊拳頭、音量提高時，就會刻意把手指伸直，如此就無法握成拳頭。而當自己的緊張或怒氣一升高，他就會刻意降低音量，用低得誇張的聲音說話。「你無法用耳語爭執。」他露齒而笑地說。

很多人都用這個原則來控制情緒激動、抱怨和緊張，都發現十分有效。所以，**獲得平靜的第一步，就是控制你的肢體反應**。你將會驚訝地發現，這個作法能快速降低情緒高漲的速度。情緒穩定之後，忿怒和抱怨也會跟著消失。你會因為自己保留了那麼多能量與力量而訝異，也會覺得沒那麼疲倦。

此外，練習缺乏興趣、無動於衷，甚至漠不關心，也很不錯。在某種程度上，甚至還要學習無精打采。擁有這種性格的人，比較不容易情緒崩潰。過於嚴謹的人，在某種程度上採取這種反應會很有好處。

高度自律的人，當然不需要拋棄敏銳、細膩及熱誠的個性。然而，學習冷靜及淡漠，可以平衡激動型人格的情緒。

向上思考力

如何減少忿怒和抱怨？

下列方法包含六個重點，能有助於減少忿怒和抱怨。我建議許多人這麼做，他們實際運用後也覺得很有價值：

1. 全身放鬆地靠坐在椅子上。從腳趾頭開始，一直到頭頂，逐步感覺身體的每個部分都在放鬆，並請你用話語確認：「我的腳趾頭放鬆了，我的手指頭、臉部肌肉放鬆了。」

2. 想像你的心是暴風中的湖面，波濤洶湧，心煩意亂。然後，浪濤平息了，湖面變得平靜而穩定。

3. 用兩、三分鐘想像曾見過的最美麗而平靜的景色。例如：夕陽下的山巒，清晨籠罩在寂靜中的深谷，正午的森林，或是微波蕩漾水面上的月光。在回憶中再次體驗這些美景。

4. 緩慢而平靜地重複唸出一連串描述安靜與平和的字詞，唸出每個字詞的旋律，例如：寧靜、平靜和寂靜。想想其他同類的字眼，並重複唸出來。

5. 在心裡列一份清單，記下生命中意識到上天照顧你的時刻。回想一下，當你發愁或憂慮時，祂如何把情況安排好，把你照顧妥當。然後大聲朗誦古老的讚美詩：「久蒙引導，如今定能繼續，導我前行。」[3]

6. 重複唸下面這句話，它有著讓心靈放鬆且平靜的驚人力量：「堅心倚賴你的，你必保守他十分平安。」（以賽亞書26:3）重複多唸幾遍，只要有時間就唸。如果可以的話，請大聲唸出來。把這句話想像成有活力、維持生命必需的東西，讓它充滿心靈，向你思想各個領域發散具有療效的香膏。這是消除緊張最有名的藥物。

在你依照本章建議的方法進行時，忿怒和抱怨的情緒將會逐漸減少。與你的情緒進展直接相關的是，過去那些因不快樂而失去的力量會逐漸恢復，這可以從你處理生活能力的增加程度感覺得到。

註解

1. 「fret」亦有小孩哭鬧的意思。
2. 引自《老子》，原文是「濁以靜之徐清」。
3. 這是John Henry Newman於一八三三年所寫的禱詞〈Lead, Kindly Light〉的其中一句。該禱詞由John Dykes譜曲成歌，較為通行的譯名是〈慈光歌〉（另譯為〈慈光導行〉、〈慈光引領〉），譯文略有差異。此處引用自劉廷芳的中譯版本。

3 相信自己

相信自己！對自己的能力要有信心！

如果你對自己的能力缺乏謙遜而合理的信心，就不會成功或快樂；相反的，只要你有適度的自信，就能夠成功。自卑和自認能力不足，會讓你無法達成願望；反之，自信會導致自我實現及順利完成心願。

多到數不清的可憐人，因為受到「自卑情結」的束縛而缺乏行動力，人生也變得悲慘。你不需要受這些問題的折磨，只要使用適當方法就可以克服，更可以培養對自己的、富有創意且合理的信心。

有一次，我在市政廳商界會議發表演說後，站在臺上向聽眾致意。這時，有人走過來，以十分緊張的態度問我：「我可不可以跟你談一件對我很重要的事？」

我要他留下來，等其他人都走了，我們到後臺坐下來。

「我在這裡談一筆這輩子最重要的生意。」他解釋道：「如果成功，我就發了；如果失敗，我就完了。」

我建議他放輕鬆一點，沒有什麼交易能決定他的未來。如果生意做成了，很好；如果不成，明天又是新的一天。

「我對自己很沒信心。」他垂頭喪氣地說：「我沒有自信，就是不相信自己做得到。事實上，我很洩氣，也很沮喪，我快完蛋了！我已經四十歲了，為什麼一輩子都被自卑、沒自信、自我懷疑給折磨？今晚聽了你的演講，你談到積極向上思考的力量，我想請教你，要如何才能對自己有信心？」

我回答：「有兩個步驟，首先，你必須了解為什麼會有這種無力感，這需要花點時間去分析。我們必須像外科醫師探測生理病變那樣，著手處理自己的情緒。這不是一蹴可幾的事，沒辦法在今晚這麼短的會談中做到，可能需要經過治療才能徹底解決。為了幫你克服眼前的困難，我要教你一種方法，只要照著做，一定有用。」

「今晚當你走在街上時，請你一邊走、一邊重複說我教你的這幾句話；你上床以後，再重複說幾遍；明天早上醒來時，在起床前先重複說三遍；在你前往那個重要會議的路上，再重複三遍。只要帶著信心這麼做，你就會擁有足夠的力量和能力來應付困難。日後如果有需要，我們可以分析你的基本問題。現在我教給你的，是徹底解決問題的重要方法。」

我給他的肯定句如下：「我靠著那加給我力量的，凡事都能做。」（腓立比書4:13）。他不熟悉這句話，所以我寫在一張紙卡上，要他大聲朗讀三遍。

「只要照著我的話去做，情況一定會好轉。」

他站起來，有一陣子沒說話，然後肯定地說：「好吧，博士，好吧。」

我看著他挺直肩膀，走進夜色中。他看起來似乎有些可悲，但從他走出去的模樣，能看出信心已在他心裡發揮了作用。

日後他告訴我，這個簡單的方法「產生了奇妙的作用」，又說：「這真是難以置信，《聖經》裡的幾句話，竟然能發揮這麼大的影響力。」我幫助他找出自卑的原因，並透過科學諮商與信仰協助，去除他的自卑感。我指導他如何建立信心，要他遵守明確的指示（在本章後面會提到）。他漸漸建立起堅強、穩定而適度的自信。現在凡事都朝著有利、而非不利的方向發展，而他也對此感到驚訝。他的個性變得積極正向，而不是消極負向。他不再排拒成功，而是追求成功。現在他對自己的能力有十足的把握。

產生自卑感的原因

產生自卑感的原因很多，其中有不少是來自童年的遭遇。

曾有位企業主管來問我，他想提拔公司裡的某位年輕人。「但是，」他解釋道：「真可惜，他沒辦法守住重大機密。若沒有這個問題，我希望他做我的行政助理。他具備擔任這個職務的能力，可是他嘴巴太大，無意間會洩漏重要機密。」

我分析之後，發現這位年輕人的「大嘴巴」其實是來自於自卑的心態。為了補償自卑感，他抵擋不住誘惑，喜歡炫耀自己知道很多事。

他結交了一些家境富裕的朋友，他們都讀大學、參加兄弟會。這位年輕人出身貧窮，既沒讀過大學，也不是兄弟會成員，自認在教育和社交背景方面比不上他們。為了讓自己與朋友能夠匹配，也為了強化自尊，他的潛意識提供了一種補償機制，好讓他提升自我。

他在那個產業的「核心」工作，跟著上司參加會議，見過很多高階主管，聽到許多重要機密。他會適度講些「內部消息」讓朋友對他既欽佩又羨慕，如此便提升了他的自尊，也能滿足他得到認可的願望。

這位雇主很善良，又有同情心，在他了解年輕人的性格特徵後，對他說，憑他擁有的能力，在商場上有很多發揮的機會，也說明為什麼他的自卑讓他在機密事務上很難被信任。有了這樣的自我認識，再加上誠心實踐建立信心的方法和禱告，這位年輕人成為該公司極具價值的資產，並展現出真正的才能。

或許我可以自己為例，說明年輕人自卑感的養成過程。我小時候非常瘦，精力充沛，參加田徑隊，既健康又結實，但還是很瘦。我很苦惱，不喜歡自己那麼瘦，很想變胖。大家都叫我「瘦小子」，但我希望人家叫我「阿肥」，我想成為一個壯碩又結實的硬漢。我用盡一切方法增胖，包括吃魚肝油，喝大量奶昔，拚命吃巧克力聖代加鮮奶油和堅果，也吃了好多蛋糕和派，卻一點效果都沒有。我還是瘦得要命，整晚痛苦到無法入眠。我拚命努力增胖，大概到了三十歲時，突然胖了起來，胖到衣服的縫線都快被撐裂了，連自己都覺得不妙。後來，我又經歷了同樣痛苦的過程，瘦了約十八公斤才恢復標準身材。我的家人都很擅長公開演講，而這是我最不拿手的事，他們經常要我公開演說，我總是怕得要死，充滿恐懼。那已經是很多年前的事了。現在，當我走上講臺時，偶爾還是會感到恐慌，必須用各種方法及上天賜予的力量來建立自信。

消除自卑感（「深度自我懷疑」的另一種說法）最有效的祕密，就是讓心靈充滿信仰。對上天有完全的信心，就能擁有謙遜而真實的信心。

若要得到有活力的信仰，必須透過不斷的禱告，讀《聖經》，用心吸收教義，並身體力行，我在另一章會專門討論禱告的方法。我在這裡要說的是，產生信仰並消除自卑感的禱告有種特殊性，那就是表面、形式、敷衍的禱告都無法產生能量。

我問過一位優秀的婦女，她是用什麼方法來面對困難？她回答，一般困難用一般禱告就能解決，但「遇到大困難時，就得深度禱告」。

已故的友人哈羅・B・安德魯斯（Harlowe B. Andrews）對我有很大的啟發及鼓舞。他是成功的商人，也是極有素養的宗教專家。他說，大部分禱告的問題在於不夠大，「若要在信仰中有所得，要學會禱告得夠大，上天會根據你禱告的大小來評價你。」毫無疑問，他說對了，因為《聖經》說：「照著你們的信給你們成全了罷。」（馬太福音9:29）所以，你的困難愈大，你的禱告就該愈大。

聲樂家羅蘭・海斯（Roland Hayes）告訴我，他祖父接受的教育不多，卻擁有天生的智慧，他祖父說：「很多禱告的問題，在於力道不夠。」禱告要深入你的懷疑、恐懼和自卑感。禱告要深、要大，要有力道，才能產生強大而有活力的信仰。

請找一位良好的心理顧問，讓他教你如何擁有信仰。擁有及運用信仰，並從中獲得力量，是一種本事；而就像所有本事，這必須經過學習和實際操作，才會更為熟練。

本章最後列舉了十項建議，可以幫助你克服自卑並建立信仰。只要努力練習並實踐這些原則，便能幫助你消除自卑感，不論它有多麼根深柢固，同時還可建立對自己的信心。

建立自信的方法——多想想有利的因素

在此我要指出，時時肯定自己的想法，可以有效地建立自信。如果心中充滿不安與能力不足的想法，是因為這個念頭已經主宰你的思考太久了。你必須擁有另一個正向思考模式，而這必須透過反覆暗示及充滿信心的念頭，才可能達成。如果你想改造心智，讓它成為製造能量的來源，那麼在繁忙的日常生活中，就必須有紀律的思考。即使是在日常工作中，也可以將自信注入意識之中。

如果我們擁有不安或不穩定的想法，就會製造出這類的感受。如果不斷把焦點放在可能發生恐怖事件這種不祥的預期，就一定會感到不安；更嚴重的是，我們經常讓思考的力量將自己擔心的事付諸實現。

缺乏自信是現代人的一大困擾。某大學針對六百位心理系學生進行調查，要學生列出最難處理的問題，百分之七十五的學生表示是缺乏自信，由此可推論出一般人也有相同比例的困擾。你到處都遇得到這種人，他們內心膽怯，深受不安全感和無能的折磨，懷疑自己的能力。他們不相信自己有能力承擔責任或把握機會，總是被曖昧不明的恐懼所包圍，擔憂會出什麼狀況。他們不相信自己有能力達成目標，接受低於能力可及的結果。成千上萬的人在生命中匍匐前進，既落魄又恐懼，但其實大部分的挫敗感都是沒有必要的。

人生中的失敗、累積的困頓、層出不窮的問題，都會逐漸耗損精力，讓你感到精疲力竭又氣餒。在這種情況下，你真正的能力會變得模糊不清，讓你感到不必要的沮喪。重新評估自己的人格資產是非常重要的，**請以合情合理、客觀的態度評估，最後的結果會告訴你：你**

並不如自己想的那麼脆弱。有位五十二歲的男士來找我諮商。他看起來很沮喪，一副徹底絕望的模樣。他說他「完了」，這輩子累積的成就全都毀了。

「全部？」我問。

「全部。」他又說一遍，並反覆地說自己完了。「我什麼也不剩了。全都沒了。沒有希望了，我已經老得沒辦法東山再起。我失去了一切信心。」

我當然很同情他，但顯然他主要的問題是絕望的陰影深入內心，扭曲了他對自身前途的看法。混亂的思想占了上風，讓他真正的力量退縮，害得他無技可施。

我說：「那麼，我們拿一張紙來計算你還剩多少資產。」

「沒用啦！」他嘆口氣說：「我什麼都不剩了。我不是已經告訴你了嗎？」

「沒關係，我們來看看。」我問他：「你妻子還跟你在一起嗎？」

「什麼？當然，她真的很好。我們已經結婚三十年了，不管情況變得多慘，她絕不會棄我而去。」

「好，讓我們把這個寫下來——你妻子還跟你在一起，不管發生什麼事，她都不會離棄你。你的子女呢？你有孩子嗎？」

「有。」他回答：「我有三個孩子，他們當然都很棒。他們對我說：『爸，我們愛你，我們會支持你。』我聽了好感動。」

「好，這是第二項——三個孩子都愛你，他們會支持你。你有朋友嗎？」我問。

「有。」他說：「我確實有幾位好友。我必須說，他們一直對我很好，都說過願意幫助我。可是，他們能做什麼？他們什麼都幫不了。」

「這是第三項——你有願意幫助你的朋友，而且都很看重你。你的操守如何？你做過什麼不好的事嗎？」

「我的操守沒問題。」他回答：「我總是試圖做對的事情，問心無愧。」

「很好。」我說：「我們把第四項記下來——操守好。你的健康狀況如何？」

「我的健康沒問題。」他回答：「我很少生病，我覺得自己的身體狀況很好。」

「我們把這個列為第五項——健康良好。美國如何？你覺得這個國家怎麼樣？它還是個機會之邦嗎？」

「是的。」他說：「這是我在這個世界上，唯一願意住下來的國家。」

「這是第六項——你住在美國，機會之邦，而且你喜歡在這裡生活。」然後我問他：「你的宗教信仰呢？你相信上天會幫助你嗎？」

「是的。」他說：「如果不是有上天的幫助，我不認為我撐得過來。」

我說：「現在，我們把想到的資產都列下來：

(1) 一位好妻子：結婚三十年。

(2)三個愛你的孩子，他們願意支持你。
(3)有看重你、願意幫助你的朋友。
(4)操守：沒什麼好羞愧的。
(5)健康良好。
(6)住在美國，全世界最偉大的國家之一。
(7)有宗教信仰。」

我把這張紙推到他面前。「看一下，我覺得你有很多資產。我記得你告訴過我，你全部的資產都沒了。」

他不好意思地露齒一笑，「我沒想到這些。我從來沒從這個角度想過。也許情況沒那麼糟。」他若有所思地說：「如果我有信心，覺得自己有某些力量，或許可以東山再起。」他確實東山再起了。而這是因為他改變了看事情的角度，改變了心態，才可能做到。信仰消除了他的懷疑，讓他發揮了自己的力量，足以克服一切困難。

這證明一個很重要的道理，即著名的精神科醫師卡爾・門寧格（Karl Menninger）[1]在某次重要發言所說的：「**態度比現狀還重要。**」這句話值得一再重複，直到它深植心中。我們面對任何現狀，不論有多麼艱難，甚至看起來毫無希望，都不如我們看待現狀的態度重要。你看待事情的態度，常在你還沒著手應付它之前，就先把你打敗了。

另外，自信而樂觀的思維模式，可以改變或克服現狀。我認識的一個人是其所屬公司的重要資產，不是他有什麼特殊能力，而是他經常表現出成功的思考模式。當同事對某個計畫感到悲觀時，他就會利用「吸塵器法」，提出一連串問題把同事心裡的「灰塵吸掉」，消除負向想法，然後針對計畫提出正向想法，直到他們擁有新的態度，對現狀產生新的看法。

他的同事常說，每次他「對他們做了什麼」，現狀看起來就不太一樣。這是自信的態度所造成的差別，可避免在評估現狀時忽略了客觀性。自卑的人會用污濁的心看待一切，修正這個問題的祕訣，在於用正常觀點看待事情，這也會讓你容易正向思考。

所以，如果你感到失敗，失去獲致成功的信心時，請坐下來，拿一張紙，列出所有對你有利的因素，而不是不利因素。如果你、我或任何人太在意不利因素，就會塑造出遠超過真實的不利力量。它看似龐大，難以對付，但事實並非如此。反之，**如果你在心裡想像並再三肯定自己的能力，把思維集中在這裡，盡力強調它的能量，就可以克服任何困難。**內在力量在上天的幫助下，會重新展現，讓你反敗為勝。

能夠改變缺乏自信的強大觀念，就是相信上天與你同在，祂會支持你、幫助你、協助你及指引你度過難關。每天用幾分鐘想像祂的存在，讓自己確認這個念頭，想像一切都是事實，並繼續努力下去。肯定、想像，進而相信，你心裡的念頭就會實現。這個過程所釋放出來的能量，將讓你大為吃驚。

一個人是否有自信，端視他的心思被什麼想法給占據。如果你經常想到失敗，就一定會失敗。

如果你擁有自信並養成習慣，就會相信自己很有能力，不論多大的困難都能夠克服。自信絕對會導致能力的增長。貝西・金（Basil King）[2]說：「要勇敢，一股強大的力量就會幫助你。」這句話經過證實是正確的。信心增強後，心態就會改變，而你就能感受到這股強而有力的能量。

愛默生（Ralph Waldo Emerson）[3]提過一個重要主張：「只要有信心，就能克服困難。」他還說：「做你恐懼的事，恐懼必然消失。」只要經常進行信心與信仰的練習，恐懼和不安很快就無法起作用。

有一次，「石牆」傑克森（Thomas Jonathan "Stonewall" Jackson）[4]在規劃一場冒險攻擊時，手下某位將軍因害怕而反對，不時提出「我怕會這樣」或「我怕會那樣」，傑克森把手放在這位膽小畏怯的下屬肩上，說：「將軍，絕對不要聽從恐懼的建議。」

讓內心充滿信仰、信心及安全的想法，就能驅離所有的懷疑及缺乏自信。針對長期有不安全感和恐懼的人，可以讀一遍《聖經》，記下與勇氣及信心相關的話。這些充滿活力的思想可以改變一個人，讓他從毫無希望而畏縮的人，變成有能力影響他人的人；從一個幾乎完全挫敗的人，變成充滿自信且令人振奮的人。

向上思考力

如何建立自信？

以下是十個簡單可行的規則，可以克服自信不足的問題。成千上萬的人使用過，都獲得很好的效果。只要照著做，就會對自己更有信心，也會對個人的能力有全新的體認。

1. 清楚塑造出成功的心理圖像，深深地牢記在心裡。盡一切努力維持這個圖像，不要讓它消失，你的心智會持續發展這個圖像。千萬不要想像自己失敗；永遠不要懷疑這個心理圖像的真實性。想像失敗是非常危險的，因為心智會企圖實現失敗的想像，不論當下的情勢看起來有多麼惡劣，永遠要想像「成功」。
2. 當你心中出現有關自己能力的負向想法時，請刻意用一個正向想法來抵消它。
3. 在想像之前，先不要假設有一堆困難，降低所謂的「障礙」，把它們最小化。如實地看待困難，審慎地分析，並有效地處理掉障礙。不要因為恐懼而誇大及膨脹了困難。
4. 別以為別人很了不起而想要模仿，只有你有能力做自己。同時要記住，不論別人看起來多有自信，其實他們跟你一樣害怕，也會懷疑自己的能力。
5. 每天複誦這句話十遍：「神若幫助我們，誰能抵擋我們呢。」（羅馬書8:31）就可以產生力量。（讀到這裡請先暫停，現在慢慢地、有自信地複誦這句話。）
6. 請教優秀的諮商師，幫助你了解自己的自卑感和自我懷疑的源頭，它們通常發生於童年時期。要先了解自己，才能夠改善。

7. 每天複誦十遍，而且最好大聲唸出這個肯定句：「我靠著那加給我力量的，凡事都能做。」（腓利比書4:13）現在就複誦這句話。這是消除自卑感最有效的方法之一。

8. 確實評估自己的能力，然後再提高百分之十。不要變成自我中心的人，但要發展健全的自尊心。相信自己擁有上天帶來的力量。

9. 把自己交給上天，你只要說：「我在上天手中。」就能做到。相信你此刻就在接受上天給你所需要的力量，並「感受」它的流動；相信「神之國就在你們心裡」（路加福音17:21）以你需要的力量形式而存在。

10. 提醒自己，上天與你同在，沒有任何事情可以打敗你；相信你現在就可以從祂那裡接受力量。

註解

1. 卡爾·門寧格（一八九三至一九九〇年）：美國精神分析學家。他認為造成精神疾病的原因是社會環境因素多於個人因素，並主張多數罪犯是處於心理或精神疾病的狀態，應該給予治療。如果只關起來而不治療，是無法禁絕他們的反社會行為。
2. 貝西·金（一八五九至一九二八年）：加拿大神職人員，退休後著有多本暢銷宗教小說。
3. 愛默生（一八〇三至一八八二年）：美國文學家、詩人。
4. 「石牆」傑克森（一八二四至一八六三年）：美國內戰期間南方著名將領，因成功抵擋北軍而有「石牆」的稱號。

4 期待最好的結果，就能獲得它

為什麼我兒子做什麼都失敗？——一位兒子已經三十歲的困惑父親如此問道。為什麼這個年輕人做什麼都失敗，確實很難理解，因為他似乎什麼都不缺。家世、教育與工作都比一般人好，但他卻有種凡事失敗的悲劇特質。他經手的每件事都會出錯。他很努力，但不知什麼緣故，總是與成功擦身而過。

如今，他找到答案了，一個極為簡單卻很有說服力的答案。自從親身使用這個新發現的祕密後，他不再老是失敗，也掌握了成功的祕訣。他的個性變得更專注，力量也變得更集中了。

不久前，在某個午餐會上，我忍不住稱讚這位精力充沛、正處於能力顛峰的人。「你讓我很訝異。」我說：「幾年前，你做什麼都失敗。現在，你已經把創意發展為成功事業；你是這個領域的領導人物。可否請你解釋一下，為什麼會有如此驚人的轉變？」

「其實很簡單。」他回答：「我只不過是學會了信心的魔法。我發現，**如果預期有最壞的結果，就會得到壞結果；如果預期有最好的結果，最後就會有好的成果。**只要確實做到《聖經》的一句話，就能實現願望。」

「那句話是什麼？」

「『你若能信，在信的人，凡事都能。』（馬可福音9:23）我生長在虔誠的宗教家庭，聽過那句話很多次了，但它對我沒有任何影響。直到有一天，我在你們教會聽到你演講時強調了那句話，才恍然大悟。過去，我忽略一個重點，那就是我的心沒有被訓練成懂得信任、積極向上思考、對上天或自己有信心。」

「我依照建議，把自己全然地交託在上天手中，練習你所說的信仰法，訓練每件事都正向思考。除此以外，我試著過正常生活。而且上天和我訂定了一個合夥關係，只要我採用那個原則，所有情況幾乎就會立刻改變。我**養成期待『最好』，而非『最壞』的習慣**，結果，最近手上的工作都有很好的成績。我想，這算是奇蹟，是不是？」他用這個問句，結束了這段有趣的故事。

這不算是奇蹟。他之所以會有這麼大的改變，是因為他學會使用世上最有力量的原理，一種心理學和宗教普遍認定的原理，就是把心理習慣從沒信心變成有信心。學習期待，而不是懷疑。這麼做，每件事都會變得可能發生。

信心是冒險成功的唯一保證

這並不意謂只要有信心，你想要或你以為想要什麼，就能得到。或許「心想事成」未必是件好事。只要你相信上天，祂就會指引你的心，讓你不會妄想對自己不利，或做出違悖上天旨意的事。不過，當你學會擁有信心，過去看似不可能的事，便有可能成為事實。對你而言，所有好的事物終於可能成真。

著名的心理學家威廉・詹姆士（William James）說：**「剛開始執行一件成敗難料的任務時，信心是這趟冒險能夠成功的唯一（注意，是唯一）保證。」**學習對自己有信心是非常重要的，它是做任何事獲得成功的基本因素。

當你預期有最好的結果，就會在心裡釋放出吸引力，依據吸引力法則，它會為你帶來最好的結果。如果你預期最壞的結果，心裡就會釋放出排斥的力量，把最好的結果從你身邊驅離。令人驚訝的是，持續期待最好的結果，就會讓最好的結果具體實現。

多年前，昔日知名的體育記者修・傅力頓（Hugh Fullerton）曾用一個有趣的例子描述這個現象，即關於約書亞・歐萊利（Josh O'Reilly）的故事。歐萊利曾擔任德州聯盟聖安東尼奧（San Antonio）隊的經理，當時隊上的球員都很傑出，其中有七人的平均打擊率超過〇・三〇〇，大家都以為球隊可以輕易地拿下冠軍，沒想到這支球隊卻一路走下坡，在前面二十場比賽中輸了十七場，球員根本打不到球，人人都怪對方是帶給球隊厄運的人。

在與達拉斯隊對打時（那年達拉斯隊算是比較差的球隊），聖安東尼奧隊只擊出一支安打，而且奇怪的是，打到球的竟然是投手。那天，歐萊利的球隊輸得很慘。球賽結束後，球隊俱樂部裡聚集了一群不快樂的球員。歐萊利知道，他手下有一群棒球明星，但他也了解，球員的問題在於思想不正確，不相信自己打得到球，不相信自己會贏，自認會輸球。他們想到的不是勝利，而是失敗；他們的心理模式不是期待，而是懷疑。消極的想法壓抑了他們的表現，使得他們肌肉僵化，時間掌控失當，彼此之間的支援也極不順暢。

很巧的是，一位在當地很有名的傳道人史萊特（Schlater）自稱是信仰治療師，具有驚人的能力。許多人來聽他傳道，對他都很有信心。或許因為他們相信他有力量，才能讓史萊特的力量具有效果。

歐萊利要旗下每位球員交出自己最好的兩支球棒，並要他們留在俱樂部裡等他回來。他把所有球棒裝在手推車裡帶走，過了一個小時後，他回來時喜氣洋洋地告訴球員，史萊特祝福過這些球棒，現在球棒具有無法抵擋的力量。球員們聽了既驚訝又高興。

第二天，他們打敗了達拉斯隊，擊出三十七支安打，也創下二十次的得分紀錄。他們在聯盟一路打到最後，贏得冠軍。傳力頓說，直到很多年以後，美國西南部仍有球員願意花大錢買一支「史萊特球棒」。

不管史萊特個人的力量是什麼，事實上是球員的心理產生巨大變化。他們的思維模式改變了。他們的思維開始期待，不再是懷疑；他們不再期待最壞，而是預期最好。他們預期可以擊出安打、得分、勝利，而他們也做到了。他們有力量得到自己想要的！我確信，那些球棒跟以前比並沒有什麼不同，但使用球棒者的心理肯定有了改變。現在，他們有把握擊出安打；現在，他們有把握會得分；現在，他們有把握會贏。一種新的思維模式改變了他們的心智狀態，讓信仰的創意力量發揮功效。

或許在人生這場比賽中，你的表現一直不太理想。或許你面對挑戰時，從沒擊出過一支安打，就算一再揮棒，平均打擊率仍低得可憐。讓我給你一個建議，保證它絕對有效，因為已有數以千計的人實際使用過這個建議，也都獲得很好的效果。如果你認真使用，一切都會跟過去大不相同。

當你讀《新約》時，請注意裡面有多少次提到信仰。挑出十幾句你最喜歡的、關於信仰的堅定話語，把它們背下來，讓這些概念融入有意識的心智。請你一再複誦，尤其是晚上睡覺前。

透過心靈的滲透，讓它們從意識進入潛意識，並盡快修改、重新調整原來的思維模式，這個過程會讓你成為一個有期待的人。當你有了這種改變，自然就會成為實現抱負的成功人士，你將擁有上天與你共同決定的，人生中真正想要的力量。

別當「有所保留」的人

人類生來具有的、最強大的力量，就是我們的心靈力量。《聖經》十分明確地強調一個人可以有所成就的方法，信仰、信心、正向思維、信仰上天、對其他人有信心、對自己有信心、對人生有信心，這就是其中的精髓。它強調的真理就是：信心可以移動群山。

有些持懷疑態度的人，因為不曾了解正確思維的有力法則，可能會懷疑這種方法是否會得到驚人的效果。

當你預期最好而不是最壞時，事情就會變得更好。**從自我懷疑中解脫出來，就能將自我投入努力。**把全副精力聚焦在解決問題的人，沒有什麼擋得住他。當你一心一意地處理問題時，問題本身就會出現分歧，並慢慢消失無蹤。

當你集中身、心、靈所有力量發揮作用，並適當地使用這種力量，它將強大得令任何事物難以抵抗。

預期最好的結果，意謂著你全心（即人格的核心）投入想要成就的事業。人們之所以失敗，不是因為能力不足，而是沒有全心全意投入，他們並沒有全然地期待成功，他們的心不在那裡。也就是說，他們沒有全力以赴；不願全力以赴的人，自然得不到想要的結果。

人生得以成功及實現最大期望的關鍵，就是毫無保留、全力投入工作或任何所從事的計

畫。換句話說，不論你正在做什麼，都必須全力以赴，全心投入，毫無保留。全心全意投入生命的人，必然會有所收穫，遺憾的是，大多數人並沒有這麼做。事實上，很少人做得到，這就是導致失敗，或者就算不是失敗，成果也大打折扣的原因。

知名加拿大運動教練艾斯・佩斯佛（Ace Percival）說，大多數人，包括運動員及非運動員，都是「有所保留的人」，也就是說，人人總是對自己的能力有所保留，在競爭時不願百分之百投入，正因如此，就永遠無法獲得自己能力所能達到的最高峰。

知名棒球比賽播報員雷德・巴伯（Red Barber）告訴我，在他認識的運動員之中，很少人能完全投入。

別做個「有所保留的人」。全力以赴，這樣一來，人生將如你所願。一位知名空中飛人指導學生在高空鞦韆上面表演。講解完畢後，他要學生表現他們的能力。

有個學生抬頭看著表演用的鞦韆，突然緊張得不得了，全身僵硬。他想像自己摔到地上的恐怖畫面，緊張得全身動彈不得。「我做不到！我做不到！」他嚇得喘不過氣來。

這位教練摟住男孩的肩膀說：「孩子，你做得到，讓我告訴你該怎麼做。」然後他說了一句非常重要的話，也是我聽過最有智慧的話。他說：**「你的心先躍過那根橫槓，身體就會跟著過去。」**

抄下這句話。寫在卡片上，放在皮夾裡、放在桌面的玻璃墊下、釘在你的牆上、黏在你的鏡子上。如果你真的想要在人生中成就什麼，最好把它記在心裡。這句話滿載了力量——「你的心先躍過那根橫槓，身體就會跟著過去。」

心是創意活動的源頭。燃起內心對想達成的目標及想成為什麼人的熱情，在無意識裡堅定地守住理想，拒絕接受挫折與失敗。如此一來，你就會跟隨著內心的引領。「你的心先躍過那根橫槓」意謂著透過信心克服困難，用堅持克服障礙，用想像克服阻難。換句話說，用心靈的精髓超越難關，就能朝向被信心激勵的心所開拓出來的軌跡前進。預期最好而非最壞的結果，就會實現心願。

不論你的期待是好是壞，強烈或微弱，終將實現。愛默生說：**「注意你在期待什麼，因為你將會得到它。」**

上天開的美容院

幾年前，我見過一位年輕女士，她的經驗說明這個人生哲學的實用價值。她跟我約了某天下午兩點在我的辦公室見面。那天我很忙，遲到了一會兒，走進會議室時大約是兩點五分，她已經在那裡等我了。她緊閉雙唇，看起來不太高興。

「現在是兩點五分，我們約的是兩點整。」她說：「我喜歡準時。」

「我也是，我認為守時很重要，希望你能原諒我無法避免的耽擱。」我微笑說道。

但她沒有心情笑，直截了當地說：「我有很重要的問題要問你，我必須得到答案，我期待能有結果。」然後她直接說：「我坦白跟你說好了，我想結婚。」

「很好。」我回答：「這是完全正常的願望，我很願意幫你。」

「我想知道為什麼我結不了婚。每次我跟男人交往，過不了多久他就不再出現，機會就沒了。」她坦白地繼續說：「而且，我已經不再年輕了。你開了一個解決個人問題的診所，對人有很多研究經驗，現在我把問題丟出來了。請你告訴我，為什麼我結不了婚？」

我觀察了一下，想了解她是不是可以直話直說的那種人，因為如果她是認真的，有些事不能不說清楚。最後，我確定她的度量夠大，應該能承受為了修正人格缺陷而必須服用的處方。於是我說：「好吧，讓我們來分析一下現狀。顯然你的心地和人格都很優秀，而且我要說，你是位美麗的女性。」

我說的都是事實。我誠摯地向她表示讚美，然後說：「我想，我了解你的問題。你因為我遲到五分鐘而指責我，對我真的很嚴格。你是否曾想過，你的態度是個重大缺點？我想，如果你經常這麼嚴格地監督丈夫的話，他一定很不自在。事實上，如果你這麼支配他，就算你結婚了，婚姻生活也不會順利，因為愛情無法存在於被駕馭的狀態。」

我又說：「你緊閉雙唇的方式，表現出盛氣凌人的姿態。我也可以告訴你，男人如果覺得自己被支配，肯定會不高興。如果你去除臉上的嚴肅線條，我想你會是很有吸引力的女人。你必須柔和一點，親切一點，那些線條太嚴肅，不夠柔和。」我看了一下她的衣服，顯然十分昂貴，但搭配得不好。我說：「這可能不是我的專業，希望你別介意，或許你可以穿得更有型一點。」我知道我的說法不夠婉轉，不過她很有風度，立刻放聲大笑。

她說：「你確實不太會使用優雅的措詞，不過我了解你的意思。」

我建議她：「整理一下你的髮型，或許有點幫助，它看起來有點輕飄飄的。你可以加一些有甜味的香水，一點點就好。不過最重要的是，換一種心態，它會改變你臉上的線條，也會讓你感受到無法言喻的『心靈喜悅』，我確信這會釋放出你既有的魅力。」

「好吧。」她忍不住笑了起來：「沒想到我竟然是在牧師辦公室聽到這種建議。」

我低聲輕笑：「你是想不到。不過，我們現在必須照顧到人們整體的問題。」

我後來告訴她，我在俄亥俄衛斯理大學（Ohio Wesleyan University）的老教授羅利・沃克（Roily Walker）說過：「上天開了間美容院。」他解釋，有些女孩剛進大學時很漂亮，但在畢業三十年後再度回學校造訪時，原來的美麗卻消失了。她們年輕時如月光和玫瑰般嬌美可愛，然而這樣的美麗並不持久。另一方面，其他剛進大學時長相平凡的女孩，在畢業三十年後回到學校，竟成了美麗的女性。「造成這個差異的原因是什麼？」沃克問，又說：「後者的臉上展現出一種內在屬靈生活的美，上天開了間美容院。」

這位年輕女士花了幾分鐘思考我的話，說：「你說得滿有道理的，我會試試看。」她堅毅的個性發揮了效果，真的試著這麼做。

過了幾年，我已經忘記她了。後來我在某個城市結束演講時，有位美麗的女士帶著一位英俊的男士，還有大約十歲的小男孩走到我面前。那位女士笑著問我：「你覺得有型嗎？」

「我覺得什麼有型？」我困惑地問她。

「我的衣服。」她說：「你覺得還算有型嗎？」

我一時被弄糊塗了，說：「是的，我覺得還滿有型的。你為什麼會這麼問我？」

「你不認識我嗎？」她問。

「我這輩子見過許多人。」我說：「坦白說，不，我不認為曾見過你。」

於是她提醒我，我在前面提到的那次面談。

「這是我丈夫和我兒子。你告訴我的話完全正確。」她誠懇地說：「我去找你的時候，可能是最挫折、最不快樂的人。不過，我練習了你所建議的原則，真的照著做了，它真的很有效。」

她丈夫也說：「世上再也沒有比瑪麗更甜美的人了。」我必須說，她看起來確實像她丈夫所說的。顯然她去過「上天的美容院」了。

她不僅內在精神變得溫和成熟，還善用既有的優秀能力，也就是追求期望的驅力，這種能力讓她為了實現夢想而願意改變。她具有自律自制的心智，讓她使用心靈技巧，同時也擁有深刻而簡單的信仰，相信自己透過適當的創意及正向思考，就可以實現心裡的目標。

所以這個心靈原則，就是必須了解你想達成什麼目標，並且確定是正確的，然後改變自己，目標自然就會實現。永遠要滿懷信心，用信仰的創造力促成特定環境因素集合在一起，就會實現你所珍視的願望。

期望必須清楚明確

研究現代思維的學生已愈來愈清楚耶穌理念與教誨的實用性，尤其是這句名言所說的真理：「照著你們的信給你們成全了吧。」（馬太福音9:29）照著你對自己的信心，照著你對工作的信心，照著你對上天的信心，有多少信心就有多少成就，而且剛剛好就是那麼多。如果你對工作、自己及國家提供的機會有信心；如果你對上天有信心，而且努力工作學習，全力以赴。

換句話說，只要你的「心先躍過了那根橫槓」，就可以盪到任何想要的人生、工作及成就之高度。不論何時，當你面對任何橫槓，也就是任何障礙時，先停下來，閉上雙眼，想像所有在橫槓上的事物（不要管橫槓下的東西），想像「你的心」躍過了橫槓，並看見自己得到上升的力量，超越了那根橫槓。相信自己正在體驗這股上升的衝力，而所獲得的力量將會讓你吃驚。

在實現最佳期望的過程中，最重要的是了解自己的人生目標。只有在了解目標是什麼的情況下，才可能達到目標，夢想才可能實現，才可以做到自己想要的程度。你的期望必須有清楚、可定義的目標。很多人一事無成，就是因為不知道自己想要成就什麼，他們沒有清楚明確、可定義的企圖。如果你的思維毫無目標，就無法期待獲得最好的預期結果。

有位二十六歲的年輕人對目前的工作很不滿意，跑來徵詢我的意見。他想在生命中有更大的成就，想知道如何才能改善機會。他的動機似乎並不自私，值得肯定。

「好，那你想做什麼？」我問道。

「我也不清楚。」他有點遲疑地說：「我還沒想過。我只知道我不想像現在這樣。」

「你最拿手的是什麼？」我問他：「什麼是你的強項？」

「我不知道。」他回答：「我也沒想過。」

「如果你有機會的話，你想做什麼？你真正想做的是什麼？」我堅持問同樣的問題。

「我說不上來。」他傻傻地回答：「我不確定自己想做什麼，也從來沒想過。或許我應該想清楚。」

「現在，你聽我說。」我說：「你想改變目前的處境，但不知道自己的目標是什麼。你不知道自己能做什麼，也不知道想做什麼。在你開始為了改變而採取行動之前，必須先把自己的想法整理一下。」

這是許多人失敗的原因，他們永遠不可能真正改變，是因為對自己的人生目標及想做什麼，都只有模糊的概念。**沒有目的，就不可能成功。**

我們進行了一次徹底的分析，衡量他的能力，發現了一些連他自己都不清楚的人格特質，而這些就足以產生動力，把他向前推進了。我們教他落實信仰的技巧，現在，他正積極邁向成功的路上。

現在他知道自己的目標，也知道如何實現目標。他知道什麼是最好的，而且也會實現，沒有任何事能夠阻擋他。

創造奇蹟的磁力

我問過一位傑出、很能激勵他人的報紙編輯：「你是怎麼成為這份重要報紙的編輯？」

「我很想要這份工作。」他簡單地回答。

「就這樣？」我問：「你想要這個職務，就得到了。」

「這個嘛，或許不全然是如此，不過它占了很大一部分。」他解釋道：「我相信，如果你想達成什麼目標，必須先確定自己的目標或想要成就什麼。目標必須是合理的，然後將這個目標具象化，並保留在心裡。努力工作，持續相信這個目標，這樣的念頭就會變得很有力量，進而得到真正的成功。」他宣稱：「只要強烈堅持心裡的那個圖像，而且目標是合理的，你的想像就可能實現。」

這位編輯從皮夾裡拿出一張舊卡片說：「我這輩子每天都會重看一次這句話，是它主導了我的想法。」

我把它抄下來送給各位：**「一個自信、積極、樂觀的人，工作時有著成功的決心，如此能產生一種吸取宇宙創造力量的磁力。」**

這是真的，一個積極、自信、樂觀的人，確實能發揮磁力，而這種磁力所產生的力量，將可以實現目標。所以，永遠要期待最好的結果，絕對不要想像最壞的狀況，務必拋棄、驅除這樣的想法，絕不能想著可能的最壞結果。避免去想「最壞」這個念頭，因為不管你想什麼，它都會在內心滋長。因此，只能把最好的念頭帶到心裡，培養它，把注意力集中在它上面，強調它，想像它，為它祈禱，用信仰包圍它，讓它成為你的執念。期待最好的結果。透過心靈的創造力及上天的幫助，就能創造出最好的結果。

當你閱讀本書時，或許以為自己處於最糟的狀況，沒有任何念頭可以改變你的處境。對於這種相左的意見，我的回答是：「絕非如此。」即使你可能處於最壞的情況，你的內在仍擁有最好的潛在可能性，只要找到它，釋放它，跟它一起成長。當然，這需要勇氣與品格，不過最主要的還是信仰。培養你的信仰，就會讓你具備應有的勇氣與品格。

這是個定義清楚且十分可靠的原則：只要心裡熱切地期望，就會得到想要的東西。這個原則能夠成立，是因為你所期待的是你真正想要的。**除非你真的想要什麼，那種深刻的程度才足以透過充滿活力的欲望，創造出充滿正向條件的氛圍，否則願望就會躲著你。**「全心全意」就是重點所在，也就是說，用全部的心意去追求願望，你的努力將不會白費。

讓我教你一句六字法則——**信心創造奇蹟**。這六個字滿載活力與創造力，在意識裡記住它，讓它沉入潛意識，便能幫助你克服所有困難。保持信念，一再重複它們，直到你真心接受並相信它——信心創造奇蹟。

我對這個概念的效果毫不懷疑，因為我親眼見證過它發揮效用的次數，多到我對信心的熱情無與倫比。

你可以克服任何障礙，運用信心的力量去成就最了不起的事。但要如何培養信心呢？答案是：用《聖經》的話語充滿內心。如果你每天花一小時讀《聖經》，把重要的話背下來，讓它重新調整你的人格品性，你自己及人生體驗就會產生驚人的改變。

只要一段《聖經》的訓示就可以改變你，〈馬可福音〉的第十一章就夠了。你可以在下面這段話裡找到祕訣：「你們當信服神（這很積極，不是嗎？）我實在告訴你們，無論何人對這座山說（這很具體而明確）你挪開此地（即站到一邊去）投在海裡（意思是看不見——你把任何東西丟進海裡，就永遠消失了。鐵達尼號就躺在海底，海底鋪滿了沉船。所以，把你那稱之為「山」的負向想法丟進海裡）。他若心裡不疑惑（為什麼這句話用「心」這個字，因為它的意思是：你的潛意識、你的內在核心不可懷疑；它不像意識的懷疑那麼淺薄；意識的懷疑只是一種自然而智性的疑問。因此，必須避免深度、基本的懷疑），只信他所說的必成，就必給他成了。」（馬可福音11:22-23）

這不是我發明的理論，而是人們已知的、最可靠的那本書所傳授的。一代又一代，不論知識和科學如何發展，讀過《聖經》的人，比讀過其他書的人都要來得多。幸好人類對《聖經》的信心比其他文獻來得高。《聖經》告訴我們，信仰創造奇蹟。

但有些人身上就是無法發生好事，那是因為他們使用信心時的目標不明確。《聖經》告訴我們：「你對這座山說。」也就是說，不必把所有力氣都用在克服群山，只要把目標放在解決當下阻撓你的困難所在的「那座山」。目標必須明確，然後一步一步克服它。

當你想要什麼事物時，該如何達成願望？首先你得問自己：「我可以擁有它嗎？」誠實地在禱告中思考這個問題，想清楚自己是否想擁有它，以及是否該擁有它，如果回答是肯定的，再問上天；如果以上天的眼光認為你不該擁有它，你也不必擔憂，因為祂不會給你；如果你想要的是正確的事物，就向祂祈求，且祈求時不要懷疑，描述要明確。

目標必須清楚而明確。在向上天祈求任何正確的事物時，要像小孩子一般沒有絲毫懷疑。**懷疑會停止力量的流動，信心則會讓力量再度流動。**信心的力量非常巨大，只要我們讓上天的力量貫穿我們的心智，沒有任何事是全能的上天不能為我們、與我們一起，或是透過我們去完成的。

把這些話纏在你的舌頭上，一再地複誦，直到它停駐在意志，直到它深植內心，直到它占據你整個人：「……無論何人對這座山說，你挪開此地投在海裡。他若心裡不疑惑，只信他所說的必成，就必給他成了。」（馬可福音11:23）

幾個月前，我建議一位老朋友使用這個原則，他老是預期會有壞事發生。在我們討論之前，他除了擁有「事情不會順利成功」之類的想法外，我沒聽他說過其他念頭。他對任何計畫或問題都抱持負向態度，完全不相信本章所提到的原則，甚至建議要自己做實驗來證明我的結論有誤。他很誠實，認真地在幾件事情上使用這些原則，也確實做了記錄。他做了六個月，並在實驗結束之後告訴我，有百分之八十五的結果令人滿意。

「我現在相信了。」他說：「過去我不相信有這個可能，但這顯然是事實：如果你期待最好，就會獲得某種奇妙的力量，去創造出必要的條件，進而產生期望的結果。從今以後，我要改變心態，我要期待最好，而不是最壞。我的實驗顯示了這不是理論，而是因應人生處境的科學方法。」

我想補充一點，雖然他的成功機率很高，但若是加以練習的話，成功機率可以更高。當然，就像學習樂器或打高爾夫球，練習培養期望的技巧也很重要。除非經過密集、持續、專心的練習，沒有人能精通任何技巧。同時要注意，我朋友剛開始進行實驗時是心存懷疑的，那也會導致早期成果產生負向效應。

每天在面對人生問題時，建議你進行以下肯定句：**「我相信上天給我力量，可以實現我真正的願望。」**

永遠不要預期最壞的狀態，絕對不要這麼想，要把這樣的想法拋出意識。每天至少確認十次：**「我預期有最好的結果，靠著上天的幫助，我將實現最好的結果。」**

這麼做，思想會專注於最好的情況，並調整到讓結果得以實現的狀態，這會把你一切的力量集中在實現最好的狀態，讓你得到最好的結果。

向上思考力

如何得到最好的結果？

1. 養成期待「最好」，而非「最壞」的習慣。
2. 從《新約》等經典中，挑出十幾句最喜歡的、關於信心的話，把它們背下來。一再複誦，尤其是晚上睡覺前。如此，就能讓它們從意識進入潛意識，並盡快修改及重新調整原來的思維模式。

3. 最重要的是了解自己的人生目標。只有在了解目標是什麼的情況下，才可能達到目標，夢想才可能實現，才可以做到自己想要的程度。目標必須是合理的，然後在心裡將這個目標具象化，並持續相信它，這樣的念頭就會變得很有力量，進而得到真正的成功。

4. 只要心裡熱切地期望，就會得到想要的東西。當你真的想要什麼，那種深刻的程度足以透過充滿活力的欲望，創造出充滿正向條件的氛圍。「全心全意」就是重點所在。用全部的心意去追求願望，你的努力將不會白費。

5. 每天在面對人生問題時，進行以下肯定句：「我相信上天給我力量，可以實現我真正的願望。」

6. 每天至少確認十次：我預期有最好的結果，靠著上天幫助，我將實現最好的結果。

註解

1. 威廉・詹姆士（一八四二至一九一〇年）：美國哲學家與心理學家。他和查爾斯・桑德斯・皮爾士（Charles Sanders Peirce）一起建立了實用主義。
2. 美國棒球球員的平均打擊率〇・三〇〇（十分之三）算是很優秀了。〇・四〇〇則史上少有。

5

我不相信失敗

如果你腦海裡有「失敗」的念頭，勸你擺脫這個想法，因為當你想著失敗，就可能會失敗。你必須採取「我不相信失敗」的心態。

我必須告訴你，有人實際使用這套人生哲學而得到絕佳的效果，我將解釋這些使用起來十分成功的技巧及原則。只要你仔細用心地理解他們的經驗，像他們一樣相信這套哲學；如果你以積極正向的思想使用這些技巧，也可以克服目前看來難以避免的失敗。

你是「障礙大師」嗎？

我希望你不是人家說的那種「障礙大師」，只要別人提出任何建議，都可以立刻想到各種障礙。

有一位先生正是這樣的人，直到他遇到了對手，學到教訓，才改變了負向心態。事情是這樣子的：

他們公司的負責人正在考慮是否要推動某個計畫，不過計畫的花費頗高，有相當程度的風險，但也有成功的機會。在討論時，這位障礙大師便帶著某種學究氣味（通常這種故作聰明的模樣，是為了掩飾內心的懷疑）說：「等一下，我們得先考慮會有什麼困難。」

另外有一個話不多的人，但能力與成就都很受同事敬重。他的特點是具有不屈不撓的個性。他立刻站起來說：「為什麼你一直強調計畫的障礙，而不是它的可能性？」

障礙大師回答：「因為要實際一些才能想清楚。事實上，這個計畫一定有些障礙。請問你怎麼看待這些障礙？」

另一個人毫不遲疑地說：「我怎麼看待這些障礙？我會想辦法解決，就是這樣。然後我會忘掉它們。」

障礙大師說：「但是，說比做容易。你說要排除它們，然後忘掉它們。請問你有什麼解決及忘掉的方法是我們不知道的？」

對方露出笑容說：「孩子，我一輩子都在解決障礙，還沒見過解決不了的障礙。只要有足夠的信心和魄力，且願意做事，就行了。既然你想了解我是怎麼做的，我就告訴你。」

接著，他從口袋拿出皮夾，裡面的透明夾層有一張寫了字的卡片。他把皮夾推到障礙大師面前，說：「孩子，讀讀那張卡片。這就是我的原則，不要跟我長篇大論地辯解，說什麼都沒有用。經驗告訴我，這很有效。」

障礙大師拿起皮夾默讀那些字，臉上有種奇怪的表情。

「大聲讀出來。」皮夾的主人催促著。

障礙大師用懷疑的口吻慢慢唸出來：「我靠著那加給我力量的，凡事都能做。」（腓利比書4:13）

皮夾主人把它放回口袋裡，說：「我活了大半輩子，面對過很多困難，而這些話擁有真正的力量，只要有它的幫助，就能解決任何障礙。」

他說得很有信心，每個人都看出來他是真的相信。這種正向積極的態度，再加上眾人皆知傑出的他擁有豐富的經驗，克服過許多困難，此外，他一點都不是自以為是的人，因此，這番話對在場的人都很有說服力，至少再也沒出現負向說法了。那個計畫付諸實行，雖然有困難與風險，但最後的結果很成功。

這個人使用的技巧，就是「不要害怕障礙」。相信上天與你同在，只要與祂共同合作，就能擁有應付障礙的力量。

所以，遇到障礙時就先面對它，不抱怨，不發牢騷，勇往直前地著手處理，而不是一面對障礙就俯首稱臣，自甘失敗。只要面對並著手處理，你會發現問題沒有想像的大。

別自以為「沒人比你更慘」

有英國朋友寄了一本邱吉爾選集《格言和反思》給我。這本書中提到了英國都鐸中將（Henry Hugh Tudor）的事蹟。都鐸在一九一八年三月指揮英國第五軍的一個師，對抗德國的強力進攻，情勢對他們十分不利，但都鐸中將知道如何對付這個困難的障礙。他的方法很簡單，只是堅守陣地，等障礙送上門，然後擊退障礙。

邱吉爾這樣描述都鐸中將，他說得很好，而且充滿力量：「在我印象裡，都鐸就像個鐵釘釘在冰凍的土地上，堅定不移。」

都鐸中將知道如何面對障礙。站在它的面前，勇敢地面對，絕不退讓，最後障礙將被粉碎，而不是自己。

只要有信心，一定做得到。對上天有信心，對自己有信心，你最需要的才能，就是信心，而你的信心絕對綽綽有餘。

只要使用一位企業人士建議的原則，便能培養對上天與自己的強烈信心。你將了解自己、自己的特長和做事的魄力；你的心態會從負向轉為正向，自然就擁有克服萬難的本事。你可以充滿自信地在任何情況下肯定地說：「我不相信失敗。」

以岡佐列茲（Ricardo Alonso Gonzalez）為例，他經歷一場艱苦的賽事後，贏得全國網球冠軍的頭銜。在此之前，他幾乎默默無名，而且由於天氣的緣故，他在賽前練習的表現並不好。某家大報的體育記者分析說，他的打法有些缺點，不是有史以來最好的網球選手，但他稱讚岡佐列茲的發球驚人，截擊技巧也很巧妙。記者寫道，岡佐列茲能贏得冠軍的主因來自於持續力，以及**「他從來不會被比賽中各種不利、負向的變化給打敗」**。

這是我讀過的體育報導裡，最觀察入微的分析：「他從來不會被比賽中各種不利、負向的變化給打敗。」

這也意謂著當賽事看起來似乎不利時，他並不氣餒，也不會被負向的思考影響，而失去贏球時必須擁有的能力。這種心理與精神的優勢，讓他贏得冠軍。他能面對障礙，有所因應，並克服它們。

信心能產生持續力，讓人擁有在情勢低迷時能繼續堅持的動力。情勢良好時，任何人都可以堅持，當一切似乎都不利時，則必須擁有特別的因素才能奮鬥下去。其中的祕訣就是：不要「被比賽中各種不利、負向的變化給打敗。」

你可能會反駁說：「你不了解我的情況。我跟其他人不一樣，我已經慘到極點了。」

在這種情況之下，你還算幸運，如果你已經慘到極點，就不可能會更慘了。處在這種情況時，你只有一條路，就是往上爬。所以，你的處境是有希望的。不過我必須提醒你，不要自認為沒人比你更慘，從來沒有這回事！

事實上，每個人的生命故事都差不多，你的經歷，別人也發生過。你不要忘了——已有**許多人克服各種想像得到的困難，包括現在你正在面臨的、自以為絕望的處境。也有人像你一樣覺得沒希望，但最後都找到出路、找到方法，跨越障礙，成功克服困難。**

最激勵人心的克服困境之例子，就是派瑞斯（Amos Parrish）[3]的故事。他每年都在紐約市華爾道夫飯店（Waldorf-Astoria Hotel）大廳舉辦兩次大型講習，參加的數百位學員都是各大百貨的經理及時尚專家。在講習活動上，派瑞斯先生會提供市場趨勢、商品、銷售方法及其他與經營事業有關的建議。我參加過幾次，確信派瑞斯先生傳授給顧客最有價值的建議是：**勇氣及積極向上的思考，對自己有信心，相信自己能克服一切困難的信心**。

他自己就是傳授這套哲學最鮮活的例子。他小時候經常生病，還患有口吃。他很敏感，也有強烈的自卑感。因為身體很差，他一直被認為活不了太久。直到有一天，他經歷了屬靈的感動，內心得到信仰的啟發，從那天起，他知道靠著上天的幫助與自己的力量，自己就能有所成就。

他發展出專為商界人士服務的獨特想法，得到極高的評價，大家願意付高額費用去參加每年兩次、每次兩天的講習，學習派瑞斯的商業智慧與靈感。

對我而言，跟一群人坐在旅館大廳聆聽派瑞斯對重要商界人士講解正向思考，是十分動人的經驗。

有時，派瑞斯會因口吃而感到困擾，但他從不因此沮喪。他坦然接受，甚至還帶點幽默。例如，有一次他想說「Cadillac」（凱迪拉克）這個字，試了幾次卻說不出口。經過一番努力，他終於說出來了，於是自我解嘲道：「我連 C-C-C-Cadillac 都不會說，更別談要買一輛了。」聽眾立刻哄堂大笑。我注意到，當人們抬頭看著他時，臉上帶著景仰之情。每個從講習離開的人，都堅信自己也能將缺點轉化為優勢。

我要再次強調，**沒有什麼困難是無法克服的**。我問過一位既有智慧又頗具哲學家氣質的人如何克服困難。「首先，我試著繞過它；如果不能繞過它，我就試著從它下面過去；如果無法從它下面過去，就試著從它上面過去；如果無法從它上面過去，我就會從正面用力除掉它。」然後他又加了一句：「上天會跟我一起除掉它。」

消除生活中的「小否定」

你的潛意識永遠不喜歡改變，它會說：「你才不相信這種事。」請記住，就某種意義而言，潛意識是世上最大的說謊者，它會認同並加強你對自己能力的錯誤看法。你在潛意識塑造了負向心態，而它又把這個錯誤加在你身上。所以，喚醒你的潛意識，對它說：「聽好，我真的相信，我堅持相信。」如果你以積極的態度對潛意識說話，假以時日，它會被說服的。原因在於，你現在給它的是積極正向的思考。換句話說，你終於對潛意識說了實話。然後，潛意識會開始將事實回饋給你，這個事實就是：沒有任何障礙是克服不了的。

有個讓潛意識正向積極的有效方法，就是：消除某種我們可稱之為「小否定」的思考及言語表現。這些「小否定」充斥在一般言談中，每個看起來都不怎麼重要，但這種心態的總體效應，將會負向地制約心智。我第一次注意到「小否定」時，便開始分析自己說話的習慣，結果讓我大感驚訝。我發現，自己會說出這樣的話：「我恐怕會遲到」或「我懷疑是否會爆胎」或「我不認為我能做那件事」或「有那麼多事要做，我永遠無法完成這個工作」，如果什麼事情的結果不理想，我可能會說：「唉，正如我所料。」若是我看見天上有幾片雲，就會憂愁地說：「我覺得一定會下雨。」

這些當然都是「小否定」，而且大的「小否定」當然比小的「小否定」更有力量。但千萬不要忘記，「大樹是從小種子長出來的」，如果言談中充斥大量「小否定」，它們便會進入你的心智。而且最讓人驚訝的是，它們會大規模地不斷累積，在你還沒注意到時，很快長成「大否定」。所以，我決定去處理「小否定」，把它們從言談中清除乾淨。我發現，**消滅小否定的最好方法，就是從容地對每件事說向上積極的話**。當你持續堅信：事情會進行得很順利、你能做這個工作、不會發生爆胎、你會準時到達，高聲且清楚地說出好的結果，就會引發正向效應，好的結果就會發生，事情也會發展得很順利。

我曾在路邊看到某個機油廣告，上面寫道：「乾淨的引擎才能產生力量。」同理，沒有負向思考的心靈才能產生正向的思考，也就是說，潔淨的心靈可以產生力量。因此，清理你的思維，給自己一個潔淨的心靈引擎。

大部分的障礙都只是心理障礙

若要克服障礙，秉持「不相信失敗」的哲學生活，就必須在意識深處培養出積極思考的模式，因為處理障礙的方式，會直接被心態決定。事實上，絕大部分的障礙都是心理障礙。

你可能會反對說：「我的障礙不是想像出來的，而是真的。」或許是如此，但你面對障礙的態度，卻是心理的。唯有經過心理過程，才會擁有某種心態。

你怎麼看待障礙，大抵決定了你會如何處理。若是你認定無法去除障礙，就不可能去除它。如果你認為你不能，就不能。若是你堅信障礙不如原先設想的大，並採取「障礙可以被去除」的想法，不論這個積極的思維有多麼薄弱，從你開始這麼想的那一刻起，最後得以去除障礙的過程就開始啟動了。

如果你長久以來一直被某個困難給擊垮，可能是因為你使用了數週、數月，甚至數年的時間，告訴自己：沒有任何方法可以解決問題。你不斷對自己強調你的無能，使得心靈漸漸接受你所堅持的結論。當你的心靈被說服時，你就被說服了。因為，**你就是自己思想的具體呈現**。反過來說，當你使用「我靠著基督，凡事都能做」（腓利比書4:13）這個嶄新而富有創意的概念，就會發展出全新的心態。若是你一再強調積極正向的態度，終將說服自己的意識：你有辦法對付困難。當你的心智被說服時，就會得到驚人的結果。你會立刻發現，自己擁有從來都不相信的巨大力量。

有一回，我和朋友一起打高爾夫球，他不只是優秀的高爾夫球高手，也是哲學家。我們打球時，他說出令我終生受用、有如寶石般的智慧之語。

我把球打進茂密的草叢裡。當我們走到那顆球所在之處時，我有點沮喪地說：「你看，我的球在草叢裡，落點很差，恐怕很難打出去。」

朋友露齒而笑地說：「我好像在你書裡讀過有關正向思考的說法吧？」

我有點不好意思地承認是有這回事。

「我不覺得你的球落點不好。」他說：「你是不是覺得，如果這顆球落在短草區的球道，會比較好打？」

我說：「我是這麼想的。」

「好。」他繼續說：「為什麼你覺得在那裡可以打得比這裡好？」

我回答：「因為短草區球道的草剪得比較短，球比較容易打出去。」

接著，他做了一件奇怪的事。「讓我們趴下來仔細觀察一下，看看球的落點如何。」我們把雙手、雙腳趴在地上，然後他說：「注意看，球在這裡跟在短草區的相對高度是一樣的，唯一的差別是，你的球現在是在五、六吋高的草叢裡。」

接著，他做了一件更奇怪的事。「注意這種草的特質。」他拔了一片葉子，遞給我說：「嚼一嚼。」

我嚼了幾下。他問：「是不是很軟？」

「是。」我回答：「它確實很軟。」

「好。」他繼續說：「輕鬆揮動你的五號杆，就能像刀一樣切過那些草。」然後，他說了一句我永遠不會忘記的話，我希望你也能記得。

「草叢只存在你的心裡。」他繼續說：「因為你認為它是草叢，它就是草叢。你已經在心裡決定這裡有障礙，它就會增加你的困難。**克服障礙的力量在你心裡**，如果你想像自己能把球打出去，相信自己做得到，你的心就會把彈性、韻律和力量傳導到肌肉上，讓你漂亮地揮杆把球打出去。你只需要盯著球告訴自己，你要用美妙的動作把它從草叢裡打出去，把肌肉的僵硬和緊張全部趕走，用愉快的心情和力量揮杆。記住，草叢只存在你的心裡。」

直到今天，我還記得當我用乾淨俐落的一杆把球打到果嶺旁邊時，那種興奮、激動、有力和快樂的感覺。

這是個與困難相關，也必須記住的重要事實——「草叢只存在你的心裡。」

好吧，你的障礙是真的，它們並不虛幻，但不像看起來那麼麻煩。你的心態是最重要的因素。相信全能的上天已賦予你力量，只要堅定專注於力量來源，就能從困難中解脫。向自己證明靠著這個力量，可以做任何該做的事，相信這個力量能消除緊張，這個力量充滿了你；只要相信這點，就可以成功在望。

現在，再看看那個始終困擾你的障礙，你會發現，它不如你所想的那麼困難。對自己說：「**困難只是心理上的，我想要成功，我就會成功。**」記住這個原則，把它寫在紙上，放進你的皮夾，或貼在每天早晨照的鏡子上，放在廚房水槽上，放在你的梳妝臺上，放在桌子上——經常看它，直到它滲透、瀰漫、充滿你的心靈，直到它成為積極向上的執念。

凡事皆從容易處著手

如同我在前面所說的，看起來很困難的工作，它的難易度跟我們怎麼評估它成正比。愛默生、梭羅（Henry David Thoreau）[4]和威廉・詹姆士，對美國人的思想具有重大影響。若是分析從古至今的美國人心智，可清楚顯示出這三位哲人的教誨如何形塑了美國人的特質，那就是——不會被障礙給擊垮，並以驚人的效率完成「不可能的事」。

愛默生的基本原則是，「人格可以被神性所感動，而表現出偉大情操」。威廉・詹姆士指出，「任何事情最重要的因素，在於我們對它的信心」。梭羅告訴我們，**「成功的祕密就是在心裡想像成功的結果」**。

另一位充滿智慧的美國人，是湯瑪斯・傑佛遜（Thomas Jefferson）[5]，他跟富蘭克林一樣，為自己設定了一連串的行為規範。富蘭克林有十三條日常規範，傑佛遜只有十條。我認為其中一條非常重要：「凡事皆從容易處著手。」也就是說，**處理事情或個人困難時，都要採取阻力最小的方式**。機器的阻力會導致摩擦，因此它必須克服或減少摩擦。負向心態會引起摩擦，這也是為何消極否定的論點會製造出這麼多阻力。積極向上的方法就是「從容易處著手」，這也是跟宇宙的運行和諧共處。如此一來，不僅遇到的阻力會比較小，事實上，它還會激發出從旁協助的力量。令人驚訝的是，在人生中運用這套哲學，能讓你在原本失敗的領域中得到成功。

舉例來說，有位婦人帶著十五歲的兒子來找我們，希望她兒子「被矯正過來」。她非常煩惱，因為兒子沒有一科的成績超過七十分。她驕傲地宣稱：「這孩子具備聰明的潛能。」

「你怎麼知道他很聰明？」我問道。

「因為他是我兒子。」她說：「我大學畢業時獲得特優（magna cum laude）[6]。」

那孩子走進來時顯得有點悶，我問他：「怎麼回事，孩子？」

「我不知道，我媽要我來見你。」他說。

「好。」我說：「你看起來沒什麼精神。你母親說，你的成績只有七十分。」

「對啊。」他說：「我只得到這個分數，而且那還不是最糟的，我拿過更低的分數。」

「你覺得你很聰明嗎，孩子？」我問。

「我媽說是，但我不知道，我覺得自己笨死了。」他認真地說：「皮爾醫師，我有讀書。我在家裡讀一遍後，會把書闔起來，試著記住內容。我重複這個步驟三次，心想：如果讀三次都記不住，怎麼可能記得住？到了學校，我覺得好像記住了。老師問問題，我站起來回答，但讀過的內容卻都忘光了。考試時，我坐在那裡東想西想，就是想不出答案。我不知道為什麼，我知道我媽是很偉大的學者，但我想她沒有把這天賦遺傳給我。」

這種負向思考的模式，加上被母親的態度刺激而生的自卑感，當然把他給擊垮了。他的心智被凍結了。他母親從沒告訴過他，上學是為了學習透過知識而感受到的驚奇和喜悅。她沒有足夠的智慧來激勵兒子與他自己競爭，反而是與別人競爭；而且堅持兒子得像她一樣，在課業方面出人頭地。在這種壓力下，難怪兒子的心智會被凍結。

我給了他一些建議，後來證明很有效。「在你讀書之前，先停下來幾分鐘，這樣禱告：『上天啊，我知道我有聰明的腦袋，而且可以做得很好。』然後，放鬆心情，不要有任何壓力地讀書。想像你在讀一個故事。除非你真的很想，否則不需要讀兩次，只要相信自己讀第一次就完全懂了。第二天早上上課時，對自己說：『我有個了不起的母親，她既漂亮又溫柔。不過，她以前一定是書呆子，成績才會那麼好。誰要做書呆子？我才不想得什麼特優獎，我只想好好畢業。』老師問問題時，請你在回答前先快速禱告，相信上天會在那一刻幫你回答。考試時，在禱告裡確認上天會喚醒你的心智，讓你答出正確答案。」

那個男孩聽從了這些建議。你猜，他下學期的成績是幾分？九十分！我確信他一旦發現「我不相信失敗」這個哲學的驚人效果，將在後半輩子使用正向思維所具有的奇妙力量。

人們使用這個方法而讓生命煥然一新的例子，多到若是我逐一引用會讓這本書太厚。而且，這些日常生活的例子與經驗都很實際，不只是理論而已。我的信箱塞滿了人們寄來的證言，他們因為聽過或讀過我說的成功故事，感動地想與我分享自己的類似經驗。

在你讀完本章時，請大聲說出下面這句話：「我不相信失敗。」不斷確認這點，直到這個念頭支配你的潛意識。

向上思考力

擺脫失敗的實踐守則

1. 遇到障礙時，必須先面對它，不抱怨，不發牢騷，勇往直前地著手處理。只要面對並著手處理障礙，你會發現問題沒有想像的一半大。

2. 讓潛意識正向積極的有效方法，就是消除「小否定」的思考及言語表現。而消滅它們的最好方法，就是從容地對每件事說正向積極的話。

3. 你怎麼看待障礙，大抵決定了你會如何處理。若是你堅信障礙不如原先設想的大，採取「障礙可以被去除」的想法，不論這個積極的思維有多麼薄弱，從你開始這麼想的那一刻，最後得以去除障礙的過程就開始啟動了。

4. 「困難只是心理上的。我想要成功，我就會成功。」記住這個原則，把它寫在紙上，經常看它，直到它滲透、瀰漫、充滿你的心靈，直到它成為積極向上的執念。

5. 處理事情或個人困難時，都要採取阻力最小的方式，從容易處著手。如此一來，它還會激發出從旁協助的力量。

註解

1. 《格言和反思》（一九四七年）：由 Colin Coote 與 Denzil Batchelor 選編。
2. 岡佐列茲（一九二八至一九九五年）：美國網球名人。於一九五二至六〇年間，曾八次獲評為全世界排名第一的網球選手。
3. 派瑞斯：二十世紀前半，美國時裝業的流行趨勢分析及廣告專家。
4. 梭羅（一八一七至一八六二年）：美國作家、政治哲學家。其作品以《湖濱散記》、《論公民不服從》著稱。
5. 湯瑪斯・傑佛遜（一七四三至一八二六年）：美國建國元勳，獨立宣言主要起草人之一，曾任美國第三任總統。
6. 特優：美國大學畢業生的成績，若在全班的前百分之十或十五者，可在畢業證書上獲得此榮譽註記。

6 這樣做，改掉憂慮的習慣

你不必成為憂慮的受害者。簡單來說，什麼是憂慮呢？它只是一種既不健康又具有破壞性的思考習慣。沒有人天生就有憂慮的習慣，都是後天養成的。你可以改變任何習慣，以及任何後天養成的心態，你可以打從心底揚棄它。在消除憂慮的過程中，保持正向而直接的行為是很重要的。所以，最能有效打擊憂慮的時機就是現在。讓我們立刻開始打破你的憂慮習慣。

為什麼我把這個問題看得如此重要？傑出的精神科醫師史邁里・伯蘭頓（Smiley Blanton）博士[1]說得很明白：「焦慮是現代最嚴重的瘟疫。」知名的心理學家主張：「恐懼是對人類性格最具破壞力的敵人。」另一位傑出的醫師聲稱：「憂慮是人類所有疾病中，最狡猾且最具破壞力的。」另有醫師告訴我們，許多人是因「累積的焦慮」而生病，這些受苦的人們無法解除焦慮，讓焦慮深入人格，導致各式各樣的不健康。

憂慮（worry）產生的破壞力，從它的字源就可以看出來，它是從意思為「掐住」的古盎格魯撒克遜字演變而來的。如果有人用手指掐住你的喉嚨再用力壓，會切斷生命的流動，這就是長期習慣性憂慮所造成的戲劇性結果。

憂慮會讓人生病

我們知道，憂慮經常是罹患關節炎的原因。部分分析過這個常見疾病的醫師斷定，關節炎病患幾乎都存在以下因素：損失財產、失意、緊張、恐懼、寂寞、悲傷、心懷怨懟，以及習慣性憂慮。

曾有診所員工做過研究，對象是一百七十六位美國經理，平均年齡為四十四歲，這個研究發現，他們有半數罹患高血壓、心臟病或潰瘍。值得注意的是，憂慮是造成每個病例的主要因素。

大致上看來，經常憂慮的人不像懂得克服憂慮的人可以活得那麼久。《扶輪人》雜誌刊登過一篇文章，標題是「你能活多久？」作者說，從一個人的腰圍可以估算他的壽命，那篇文章也聲稱，如果想活得長久，必須養成三個習慣：一、保持冷靜，二、上教堂，三、消除憂慮。

根據一項調查顯示，教會成員活得比非教會成員久（如果你不想年紀輕輕就過世的話，最好參加教會）。根據那篇文章，已婚者比單身者活得更久，或許是因為已婚者有人分擔憂慮，如果是單身的話，必須獨自承擔一切。

一位研究壽命長短的科學家調查四百五十位活到一百歲的人，發現這些人能活得久且生活愉快，有下面幾個原因：一、保持忙碌；二、在各方面節制而適度；三、吃得清淡簡單；四、從生活中得到很多樂趣；五、早睡早起；六、不憂慮，也不害怕（尤其是不怕死）；七、有平靜的心靈，並相信上天。

你是否常聽到人說：「我擔憂得幾乎快生病了。」然後又笑笑地說：「不過，我猜憂慮不會真的使人生病。」但他錯了，憂慮真的能讓人生病。

美國知名外科醫師喬治・W・奎爾（George Washington Crile）說：「恐懼不只是精神方面的，心臟、大腦及內臟也會受到影響。不論造成恐懼和憂慮的原因是什麼，我們永遠都可以在細胞、組織和身體各器官，發現它所造成的影響。」

神經病學家史丹利・可伯（Stanley Cobb）說，憂慮與類風濕性關節炎有密切的關係。近來有醫師表示，這個國家存在著一種恐懼及憂慮的流行病，他說：「每位醫師都遇到直接因恐懼而致病的案例，而且憂慮和不安全感會讓病情更加惡化。」

但是，你不必沮喪，因為你可以克服憂慮。有一種藥絕對可以解除痛苦，幫助你戒除憂慮的習慣。戒除的第一步很簡單，就是相信你做得到，只要相信自己可以，靠著上天的幫助，什麼都做得到。

每天練習把心思淨空

這裡有個很實用的方法，能幫助你從經驗中消除不正常的憂慮。

每天練習把心思淨空，最好在晚上睡覺前進行，以免在夢中還記得意識裡的憂慮。睡覺時，思維經常陷入潛意識。睡前五分鐘非常重要，在那短短幾分鐘，心思最容易接受建議，吸收意識清醒前的最後一個念頭。

這個心靈淨空的過程對克服憂慮很重要，若不排除恐懼的念頭，它將會阻塞心智，阻礙心智及精神的流動。只要每天消除恐懼，便能將這樣的念頭從心裡移除，不會累積下去。要排除這樣的念頭，必須利用一種創意想像的過程。想像自己將一切憂慮的念頭排放出去，就像拿開塞子，放掉洗臉盆裡的水。在想像的同時，請重複確認下面這段話：「靠著上天的幫助，我現在把所有的焦慮、恐懼和不安，都從心裡排除出去。」慢慢重複五遍，然後再確認：「現在，我相信心裡已經沒有任何焦慮、恐懼和不安。」重複五次，想像心靈沒有這種念頭的圖像。感謝上天讓你免於恐懼，然後上床睡覺。

前述這個有效的方法，必須在早上、下午及睡覺前進行。選擇一個安靜的地方，花五分鐘做，持之有恆地進行，你很快就會發現效果。

想像你走進自己的心靈，逐一移除內心的憂慮，如此更可以強化效果。小孩的想像力比成年人要好，只要親吻，就可以驅走他們對疼痛或恐懼的反應。這個簡單的作法之所以有用，是因為他們真的相信如此可以解決；對小孩而言，這個誇張的作法是真的，因此便能消除疼痛或恐懼。想像你的恐懼正從心裡排放出去，這個想像就會在適當的時機實現。

用信心填滿心靈

想像是恐懼的來源，也是治療恐懼的方法。「想像」是利用心智圖像產生實際結果，這種方法效果驚人。想像不僅止於幻想，「想像」（imagination）這個字源自於「圖像化」（imaging），也就是你可以從「恐懼」或「擺脫恐懼」中塑造圖像，當你「圖像化」（想像）一個模樣，並有足夠的信心，最終便可能讓它成真。

因此，只要保有脫離憂慮的圖像，你的思維會適時透過淨空的過程排除不正常的恐懼。然而，光是淨空心靈是不夠的，因為心靈不會長期處於虛空狀態，必須被什麼給填滿。所以，一旦淨空心靈，就必須用信心、希望、勇氣和期待填滿它。請大聲說出下列肯定句：

「現在上天用勇氣、平靜和穩定的信心，填滿我的心靈。上天保護我不受任何傷害，上天保護我所愛的人不受任何傷害，上天指引我做適當的決策，上天會幫助我度過難關。」

每天讓這樣的念頭充滿心靈六次，直到滿溢為止。這些充滿信心的念頭會在適當時機排除憂慮。信心是除了恐懼之外，最強而有力的力量，信心永遠可以克服恐懼，**恐懼唯一無法抵抗的，就是信心**。只要日復一日以信心填滿心靈，就會讓恐懼無立足之地，每個人都要記住這個重要的事實，掌握信心，自然就能克服恐懼。

用信心填滿心靈，假以時日，累積的信心便會排除恐懼。光是看並不會有任何用處，除非你實際運用，而現在就是實際使用這個方法的時機。學著做信心的實踐者，直到你成為信心專家，恐懼就再也無法進入你的心靈。讓心靈免於恐懼的重要性，絕對值得再三強調。長期恐懼某些事，可能會使得它成真。《聖經》有句話說：「因我所恐懼的臨到我身……」（〈約伯記〉3:25）確實如此，如果你不斷地恐懼什麼，會在心裡製造出使恐懼的事發展的條件，助長使恐懼生根的氛圍而吸引恐懼。

千萬不必驚慌，《聖經》一再重申的重要真理是：「我所深信的臨到我身。」只要有信心，「沒什麼不可能」臨到我們身上，而且「照著你們的信給你們成全了吧」。所以，只要把心態從恐懼轉為信心，就會停止因個人期待而生的恐懼，同時將信心具體化。讓心靈充滿健康的念頭，充滿信心而不是恐懼，就會獲得信心，而非恐懼的結果。

採用「我相信」策略

我們要運用策略來克服擔憂的習慣，要迎頭痛擊憂慮並克服它，這或許很困難，但有種比較靈巧的作法，就是先逐一克服外圍的防衛工事，再從四面八方逼近核心。

換一種象徵性的說法是，先清理恐懼周邊的枝節，再由外向內逐一清理，最後處理恐懼的主體。

我的農場裡有棵大樹必須砍掉，我覺得十分不捨，砍掉老樹是件令人悲傷的事。那天，幾個人帶著電鋸過來，我猜他們會從靠近地面的位置鋸斷主幹，但他們沒有這麼做，而是立起梯子，先剪小樹枝，再剪大一點的樹枝，然後開始鋸樹的上端，最後只剩下巨大的主幹。沒過多久，我的樹便整整齊齊地堆成一疊，一點都不像是五十年的大樹。

「如果修剪樹枝前，先把樹幹鋸倒的話，會壓壞旁邊的樹。把樹弄得愈小，愈容易處理。」砍樹的人這麼解釋。

若要修剪存在個性裡多年的憂慮大樹，只要修剪得愈小，就愈容易處理。因此，要先剪除微小的憂慮及表達憂慮的字眼。例如，言談中盡量減少具憂慮意思的字。**語言固然是憂慮的結果，但也會製造出憂慮**。

若心裡出現憂慮的念頭，立刻用信心和話語刪除它。例如：「我擔心會趕不上火車。」

那就提早出發，確定可以準時到達。只要愈少憂慮，就愈能及早出發，因為清明的心思比較有條理，而且能控制時間。

當你修剪小憂慮時，便可逐漸接近憂慮的主幹。然後，靠著你培養出益發強大的力量，就能從根本剷除生命的憂慮，也就是憂慮的習慣。

我的朋友丹尼爾・A・柏林博士（Dr. Daniel A. Poling）提供一個很好的建議。他每天起床前，都會說三次「我相信」，讓心靈進入充滿信心的狀態。他的心靈接受這樣的信念，只要秉持著信心，一整天都可以克服任何問題與困難。他以充滿創意的正向思維展開一天，因為他「相信」，而這樣的信心讓他無往不利。

我在某個廣播節目中提過柏林博士「我相信」的方法後，收到一位女士的來信。她告訴我，她對自己所屬的猶太教不是很虔誠，並說家裡充滿了爭辯、吵架、憂慮及不快樂。她說自己的丈夫「酒喝得多到傷害健康」，而且他整天坐著，什麼事也不做，只是抱怨自己找不到工作。這位女士的婆婆跟他們一起住，「整天發牢騷，抱怨身體到處都在痛」。

這位女士說，她決定試試看柏林博士的方法。第二天一早，她醒來就說：「我相信，我相信，我相信。」她在信裡興奮地描述：「我開始這麼做之後，才過了十天，丈夫昨晚就告訴我，他找到一份每週八十元的工作，還說要戒酒，我相信他是說真的。更奇妙的是，我婆婆不再抱怨全身疼痛了。就像是這屋子發生了奇蹟，我的憂慮也差不多快消失了。」

看起來真是奇蹟。然而，這種奇蹟每天都發生在從負向恐懼轉向擁有積極、具信心的思維及心態的人們身上。

主動出擊打敗憂慮

憂慮具有破壞性，讓心靈無法充滿上天的愛與關懷。消除憂慮的方法，就是讓心靈充滿上天的力量、保護和憐憫。每天花十五分鐘，讓上天填滿你的心靈，用「我相信」的哲學填滿心靈，你的心就沒有任何空間可放置憂慮及缺乏信心的念頭了。

很多人經常讓問題變得複雜，不願意用簡單的技巧去解決。令人驚訝的是，最困難的個人問題經常向不複雜的方法拱手稱臣，這是因為光知道如何應付困難還不夠，更必須了解該做什麼。

祕訣在於設計出一種動手解決問題，並持之以恆的方法。讓心靈強烈感受到「有效的反擊正在持續進行」的震撼，是很有用的，因為這麼做時會集中心靈的力量，並以容易理解又具體可行的方式，來處理問題。

以這個方法對抗憂慮的成功範例，來自於一位商人。他原來是個極度憂慮的人，很容易精神萎靡，且健康狀況不佳。他的憂慮很特別，老是懷疑自己是否做對或說對什麼，總是不斷改變主意，而且對自己的決定沒有信心。他總在事後檢討，覺得自己做錯了什麼。他很聰明，讀過兩所大學，均以優異成績畢業。我建議他找出某種簡單的方法，讓他放下一天的事，忘掉一切，朝著未來前進。我向他解釋這種簡單、生動的心靈真理的驚人效果。

聰明人懂得如何化繁為簡，他們有辦法找出簡單的方法以實現重要的真理。這個人就是這麼處理自己的憂慮。

他說：「我終於找到祕訣了，它真的很有效。」有一天，我受邀在他快下班時到辦公室找他。他向我解說他發明的「一個小儀式」，在每天離開辦公室前進行一次，就可以消除憂慮的習慣。

我們拿了帽子和大衣走向門口。辦公室門邊有個垃圾桶，旁邊的牆上掛著只有當天日期的日曆。他說：「我現在要進行我的夜間儀式，它是能幫助我消除憂慮的習慣。」

他走向前去，撕下當天的日曆，將它揉成小球。接著，他慢慢打開手掌，然後把「那一天」丟進垃圾桶。他閉起眼睛，嘴裡唸唸有詞。我知道他是在禱告，便保持沉默。他結束禱告時，大聲說：「阿門。好，今天已經過完了。來吧，讓我們出去好好享受。」

我們走在街上時，我問他：「你可以告訴我，你在禱告時說了什麼嗎？」

他笑著說：「我不認為它是你所認為的禱告。」但我堅持要他說。他說：「好吧，我的禱告是這樣：『主啊，祢賜給我今天，這不是我要求的，但我很高興擁有這一天。我盡力把這天過得很好，祢也幫助了我，為此我感謝祢。我犯了一些錯，因為我沒聽祢的忠告，我很抱歉，請原諒我。不過，我也得到一些勝利與成功，我感恩祢的指引。主啊，不論錯誤或成功，勝利或失敗，這天已經結束，我跟它沒什麼關係了，所以我把它還給祢。阿門。』」

或許這不是傳統禱詞，卻是有效的禱詞。他戲劇化地結束了一天，迎向未來，期待第二天過得更好。這是他與上天合作的方法，透過這個方法，他漸漸讓過去的錯誤與失敗、有意或無意犯下的過錯，都不再造成自己的困擾。他從昨天累積的憂慮中解放出來。

或許有人建議使用其他對抗憂慮的方法，我也很想知道這些經過審慎使用、證明有效的其他方法。我認為，所有想改進自我的人，都是上天偉大心靈實驗室的同學。我們一起努力設計出成功人生的實用法則。來自各地的善心人士常寫信告訴我，他們的方法及其效果。為了幫助世人，我也透過書籍、講道、報紙專欄、廣播、電視和其他媒體，廣為宣傳經過證實的有效方法。透過這個方式，可以讓人克服憂慮，也能克服其他個人問題。

向上思考力

破除憂慮的十大原則

為了幫你立刻開始消除憂慮的習慣，我列出了以下「破除憂慮的十大原則」。

1. 對自己說：「憂慮是個很不好的心理習慣。我靠著上天的幫助，可以改變任何習慣。」

2. 你經常憂慮成了習慣。你可以使用與憂慮相反、本質更為強大的「信心」，讓自己免於憂慮。只要憑著一切力量與堅持不懈，便能主導並開始實踐信心的力量。

3. 如何實踐信心？每天早上起床前第一件事，就是大聲說三次「我相信」。

4. 以這個方式禱告：「我把今天、我的生命、我所愛的人及我的工作，都交付在上天手中。上天的手裡沒有壞，只有好。不論發生任何事，不論結果如何，如果我在上天的手裡，那就是上天的旨意，一定是最好的。」

5. 面對每件讓你懷有負向看法的事情時，不斷說些積極的話。說話必須積極而正向，例如千萬別說：「這將是很糟糕的一天。」反之，你要肯定地說：「這將是非常愉快的一天。」千萬不要說：「我絕對沒辦法做那件事。」反之，你要肯定地說：「靠著上天的幫助，我可以做那件事。」

6. 絕不參與充滿憂慮的對話，在對話中加入信心。一群人悲觀地談論，會讓在場每個人變得消極。把討論導向正向而非負向，可以驅離沮喪的氣氛，讓每個人都覺得充滿希望而快樂。

7. 會習慣憂慮的原因，是內心充滿憂懼、失敗及憂鬱。為了對抗這樣的念頭，請把《聖經》裡每句談到信心、希望、快樂、喜悅、榮耀的話都標記下來，然後背下來，一再複誦，直到這些創意的念頭充滿潛意識。潛意識會把樂觀回饋給你，而不是憂慮。

8. 跟充滿希望的人交朋友，讓積極、有信心、散發創意氣氛的朋友包圍你，這會讓你以充滿信心的態度再度振奮起來。

9. 看看你能幫多少人治癒憂慮的習慣。透過幫助他人克服憂慮，自己會得到比克服憂慮更強大的力量。

10. 每一天都想像自己與神過著有如同伴及夥伴關係的生活。如果祂真的陪在你身邊，你還會憂慮或恐懼嗎？所以，對自己說：「祂和我在一起。」大聲確認：「我永遠和祢在一起。」然後說：「祂現在和我在一起。」每天重複這個肯定句三次。

註解

1. 史邁里・伯蘭頓（一八八二至一九六六年）：曾跟本書作者共同成立諮商中心，並合著數本著作。

2. 喬治・W・奎爾（一八六四至一九四三年）：第一位成功施行直接輸血的外科醫師，對血壓與休克的研究貢獻良多。月球上有個火山口便是以他的名字來命名的。

7 生命衰弱時，試試這個健康公式

聽說有位女士想到藥房買治療身心失調的藥物。當然，這種藥物在藥房是找不到的，因為它不是以藥丸或瓶裝型式販售。不過，有種治療身心失調的藥物十分有效，很多人都需要。它的處方包括：祈禱、信仰及有活力的心靈思考。根據統計顯示，現代人有百分之五十至七十五都有疾病。他們因情緒及生理失調而影響精神狀態，因此這種藥物非常重要。

避免發怒對身體的傷害

科羅拉多醫學院的法蘭克林・愛伯博士表示，一般醫院有三分之一的人在疾病性質與症狀上屬於器質性疾病，三分之一是情緒和器質性皆有，另外三分之一則明顯是情緒問題。

《身與心》作者佛蘭德・鄧巴（Flanders Dunbar）[1]博士說：「問題不在於疾病是生理或情緒所引起的，而是二者各占多少比例。」

每位深思熟慮、思索過這個問題的人都知道，醫師說的沒錯，生氣、憎惡、怨恨、惡意、嫉妒、心懷報復等心態都有損健康。

發脾氣時，就會體驗到胃裡有不舒服的感受。**情緒爆發，會引起身體的化學反應，結果就是讓健康惡化。**如果這種狀況持續下去，不論是猛烈或漸進的情緒爆發，身體的狀況都會日益衰退。

有位醫師曾說，某位病患是死於「grudgitis」[2]。他真心認為，死者是因長期怨恨而過世。「他對身體的戕害，讓他的抵抗力降低。」醫師解釋道：「當疾病來襲時，他沒有精力或復原力去克服。他用『惡意』這個惡性腫瘤損害了自己的健康。」

舊金山的查爾斯・麥諾・古伯（Charles Miner Cooper）醫師[3]在〈關於心臟病的真心建議〉這篇文章說：「你必須控制自己的情緒。如果我告訴你，我認識一位病患因一時暴怒，血壓飆高了六十，你就知道這對心臟有多大的傷害。」他寫道，一個「容易發怒的人」會因瑕疵或錯誤而衝動地責怪別人。

其實，避免被已經發生、無法改變的事情所困擾，才是聰明的作法。他提到知名蘇格蘭外科醫師約翰・亨特（John Hunter）[4]，亨特醫師有心臟病，他深入了解到強烈情緒對心臟的影響。他說，他的生命是被任何可以激怒他的人所操控。事實上，他就是忘記自我約束，一時暴怒，心臟病發而死的。

古伯醫師的結論是：「每當工作開始讓你煩惱，或是你快要發怒時，把自己全身放柔軟，這樣會驅散內心強烈的騷動。你的心臟必須被永久安置在一個削瘦、開朗、平和的身體裡，這個人能理智地約束自己的生理、心理及情緒活動。」

如果你還達不到這個標準，建議你仔細自我分析。誠實地反問自己，是否心懷惡意、怨恨或嫉妒，若是有的話，請立刻揚棄及擺脫之。它們對其他人不會造成傷害，也不會傷害你所懷恨的人，但它們會在你生命中的每一天，把你鯨吞蠶食掉。許多人健康狀況不佳，並不是因為吃了什麼，而是有什麼東西在吃他們。**情緒不佳會反過來影響自己，逐漸削弱你的能量，降低工作效率，並造成健康的衰退。**當然，它們也會減少你的幸福感受。

現在，我們已經了解思維對生理的影響，也了解人們會因心懷怨恨而生病；人們會因內疚而出現症狀，也可能因恐懼及緊張而生病。因此，一旦思維改變，療癒就完成了。

壞情緒就是一種「病菌」

前不久，有醫師告訴我，某位年輕女性因發燒三十八・九度而住院。她有明顯的類風濕性關節炎，關節腫得很嚴重。為了詳細檢查病情，醫師只開給她少量鎮靜劑以減輕痛苦。過了兩天，她問醫師：「我這樣子會持續多久？我還要留在醫院多久？」

「我想，你可能還要住院六個月。」醫師回答。

「你的意思是，我還要六個月才能結婚？」她問道。

「很抱歉。」他說：「我無法保證你可以更早出院。」

隔天早上，她的體溫恢復正常，關節腫脹也消失了。醫師觀察了幾天，無法解釋為什麼病情有所改善，便讓她出院了。

過了一個月，她又因同樣的症狀而住院，發燒達三十八·九度，關節腫脹。

經醫師諮詢發現，她父親堅持她必須嫁給即將成為事業夥伴的男人。女孩愛她的父親，想完成父親的心願，卻又不想嫁給不愛的人。所以，潛意識幫助了她，讓她產生類風濕性關節炎及發燒的症狀。

醫師向她父親解釋，如果他強迫女兒結婚，她可能會變成殘廢。當她得知不必勉強結婚時，便立刻康復了。

但你別以為如果得了關節炎，就表示你是跟不相配的人結婚！這個例子只是在說明，精神痛苦對生理的影響有多大。

我讀過一位心理學家的有趣說法。他說，**嬰兒從周邊的人「感染」恐懼和仇恨的速度，**

比感染麻疹或其他傳染疾病還要快。恐懼的病毒會深深埋進潛意識，留在那裡一輩子。「但是，幸好嬰兒也能感染到愛、仁慈與信心，因而長成正常、健康的兒童及成人。」這位心理學家說。

康斯坦斯・J・佛斯特（Constance J. Foster）在《女士的家庭日記》中，有篇文章引用天普大學醫學院愛德華・魏斯（Edward Weiss）在美國醫師學會演講的內容。魏斯醫師指出，**肌肉和關節長期慢性疼痛的患者，可能是壓抑了自己對親近者的怨恨**；他還說，通常這種人完全無法察覺自己心懷積怨。

作者繼續說：「為了澄清任何可能的誤解，我必須強調，情緒與感受跟病菌一樣真實且不容忽視。因情緒而導致的疾病所產生的痛苦與折磨，跟病菌引發的疾病一樣，並非想像的。沒有案例可把致病原因歸咎於病患本身，這些人並非受到心理疾病的折磨，而是感覺失調，而且往往與婚姻或親子問題有關。」

同一篇文章裡，作者提到X夫人的故事。

X夫人到診所時，主訴雙手長東西，經過診斷是濕疹。醫師鼓勵X夫人談談自己，她看起來是個固執的人，雙唇又薄又緊，罹患類風濕性關節炎。醫師把X夫人轉介給精神科醫師，對方立刻看出生活中有令她煩躁的事，表現在外的就是皮膚疹，她拿自己出氣，因此產生想抓什麼人或東西的衝動。

最後，醫師直接問她：「是什麼事讓你這麼苦惱？你在生什麼氣，對不對？」

「她立刻全身變得僵硬，然後衝出辦公室。我知道，我踩到她的痛處，讓她很不舒服。過幾天，她因濕疹難受又回來了，她需要我的幫助，即使那表示她得放棄憎恨的情緒。」

「原來，X夫人是在分家產的過程中，認為弟弟對她不盡公允。當她擺脫了敵意，病情就有所好轉，在她與弟弟達成協議的二十四小時之內，濕疹就完全消失了。」

賓州大學醫學院的L・J・索爾（L. J. Saul）醫師指出，情緒困擾與感冒也有關係。他對此做過研究。

「據了解，情緒困擾會影響鼻腔與喉嚨黏膜的血液循環，也會影響腺體的分泌。這些因素使得黏膜組織更容易受到感冒病毒的攻擊，或感染病菌。」

哥倫比亞大學醫學院的愛德蒙・P・佛勒二世（Edmund P. Fowler Jr.）醫師說：「醫學院學生常在考試時感冒，也有很多人在旅行前後感冒。家庭主婦必須照顧大家庭時，也會感冒。常有病人因親家要來家裡小住時感冒，只要對方一離開，感冒就好了。」佛勒醫師沒指明這個效應是發生在岳父母與女婿之間，還是婆婆與媳婦之間，但或許媳婦也會感冒。

佛勒醫師提出的案例是一位二十五歲的女店員。她來診間時，鼻子塞住，鼻黏膜泛紅充血，還有頭痛及輕微發燒，這些症狀已持續兩週了。經過問診得知，症狀是在她與未婚夫激烈爭吵後幾小時出現的。經過局部治療，她的感冒症狀好了。過了幾週，她又因感冒前來求診，這次是在與肉販爭吵後發作的。經過局部治療後再次緩解了。但這位女性不斷感冒，每次都可以追溯到她發脾氣。最後，佛勒醫師讓她知道，她的慢性感冒來自於自己的壞脾氣。當她學會心平氣和，打噴嚏和鼻塞的症狀就消失了。

佛勒醫師提醒我們，**沒有安全感的兒童會受到「情緒感冒」的折磨**。他描述多起來自破碎家庭的兒童患有慢性感冒：每當家裡有新生嬰兒時，年長的孩子常會反覆出現呼吸道感染症狀，因為他感到嫉妒及被忽視；一個九歲男孩有獨裁的父親及溺愛的母親，雙親中嚴厲者與寬厚者之間的衝突，讓他十分煩惱。他很怕被父親處罰，他連續幾年都有咳嗽及鼻塞的症狀——值得注意的是，當他去參加夏令營時，感冒就好了，因為離父母很遠。

既然煩躁、生氣、憎恨及惱怒對健康有這麼大的破壞力，那麼解藥是什麼呢？

向上思考力

療癒情緒病症的解藥

顯然解藥就是讓心中充滿善意、寬恕、信任、愛及冷靜沉著。至於要如何實踐？以下是一些具體建議。許多使用過的人都能成功克服（尤其是）忿怒。持續使用這些建議，可以產生幸福快樂的感覺：

1. 記住，忿怒是一種情緒，情緒永遠是激昂，甚至是易怒的。因此，必須減少情緒、冷卻情緒。至於該如何冷卻情緒？當人發怒時，經常緊握拳頭，聲音高尖，肌肉繃緊，全身僵硬（你在心理準備要打架了，腎上腺素在全身亂竄），這是原始穴居人遺留在神經系統的東西。所以，你必須刻意用冷靜來對抗高漲的情緒，將它消滅。刻意、有意志的進行，避免雙手握拳。把手指向外伸直，刻意降低音量，降至耳語的程度。記住，用耳語很難吵架。坐進椅子裡，如果可能的話，最好躺下來。躺著很難生氣。

2. 大聲對自己說：「別做傻瓜。這對我沒好處，算了吧。」要在那一刻禱告或許有點困難，但無論如何還是得試試。

3. 冷卻忿怒最好的方法，是葛麗斯・奧絲勒（Grace Oursler）建議的。她原先是用「從一數到十」法，但她碰巧注意到〈主禱文〉的前幾個字更好用。「我們在天上的父，願人都尊祢的名為聖。」忿怒時，唸十遍這句話，忿怒就無法控制你了。

4. 「忿怒」這個詞，代表有許多小小的不滿逐漸累積成強烈的怒氣。這些惱人的事，個別來說都微不足道，但集合起來卻會引爆強烈的怒火，讓人在事後覺得羞愧。把所有激怒你的事列出來，不論有多麼微不足道或愚蠢可笑，通通列出來。這麼做的目的，是要先行抽乾那些即將匯聚成忿怒大河的涓涓細流。

5. 分別為每件讓你惱怒的事情禱告，然後逐一克服。不要試圖消滅所有的忿怒，如同我曾指出的，它是一種累積的力量。用禱告逐一剷除讓你感到忿怒的煩惱。這麼做可以降低怒氣，直到（很快地）你可以控制它。

6. 訓練自己，當你覺得情緒快爆發時，就說：「這值得讓我的情緒那麼激動嗎？我會把自己變成傻瓜。我會失去朋友。」為了獲得這種方法的整體效應，練習每天對自己說幾次：「沒有任何事值得我激動或動怒。」也要確認：「不值得為了五分錢的惱人之事，而花費值一千元的情緒。」

7. 當你覺得受到傷害時，盡可能快速解決，不要為此多擔憂一分鐘。做點什麼事，別生悶氣或自憐自艾。不要整天鬱鬱寡歡，心懷怨恨。一旦你感覺受傷，就要像手指受傷那樣立刻治療。除非這麼做，否則情況會扭曲得不成比例。立刻在受傷的地方塗些心靈碘酒，做一次充滿愛與寬恕的禱告。

8. 將心裡的忿怒全部淨空。也就是說，讓心房裡的不滿全部釋放出去。找到信任的人，向他傾吐一切，直到心裡沒有任何殘餘的恨意，然後忘掉它。

9. 為傷害你的人禱告，持續這麼做，直到覺得內心的怨恨消失了。有時，你可能要禱告一陣子才會生效。有人試過這個方法之後告訴我，他計算從開始禱告到怨恨消失、獲得平和感受的次數，是整整六十四次。他用禱告把怨恨逐出內心。這個方法保證有效。

10. 進行這樣的小禱告：「讓基督的愛充滿我的心。」然後再加上：「讓基督對＿＿＿（填入你怨恨的對象）的愛充滿我的靈魂。」如此禱告並真心相信（或祈求它實現），你一定會得到解脫。

11. 確實遵照耶穌的建議，寬恕七十個七次5。照字面上的意思是四百九十次。在你原諒一個人那麼多次之前，早已不再心懷怨恨了。

12. 最後，當你心裡那個野蠻、無紀律、原始的衝動跑出來時，只有耶穌能夠馴服。因此，最後你需要做的，就是對耶穌說：「如同祢能改變一個人的品性，現在請求祢改變我的脾氣。如同祢賜與力量克服肉體的罪惡，也請祢賜給我力量克服性情的罪惡。請祢控制我的脾氣。請賜給我療癒，讓我的精神和靈魂得到平靜。」如果你的脾氣急躁，每天重複前述禱詞三次。建議你可以把它印在卡紙上，放在桌上，或是放在廚房水槽上，或是你的皮夾裡。

註解

1. 佛蘭德・鄧巴（一九〇二至一九五九年）：美國身心醫學和心理生物學早期的重要人物。他主張醫師和牧師應合作，一起照護病患。
2. 「grudgitis」是「grudge」和「it is」的組合字。「grudge」意謂積怨、懷恨。「itis」是字尾，在醫學上意謂有發炎狀況的疾病。美國基督教有人用這個字形容常懷怨恨的心理疾病。
3. 查爾斯・麥諾・古伯（一八七三至一九六〇年）：擔任過美國總統哈定（Warren Harding）的醫療顧問。該文原名為〈Heart-to-Heart Advice About Heart Trouble〉。
4. 約翰・亨特（一七二八至一七九三年）：為當時最優秀的科學家和外科醫師之一，曾擔任過英王喬治三世的御醫。
5. 「那時彼得進前來，對耶穌說，主阿，我弟兄得罪我，我當饒恕他幾次呢？到七次可以嗎？耶穌說，我對你說，不是到七次，乃是到七十個七次。」（馬太福音18:21-22）

8 導入新思維來改造自己

美國最有智慧的人之一威廉・詹姆士，曾以這段話說明人的一生中最重要且有力的事實，他說：「我們這一代人最重要的發現，就是人類可以透過改變心態，來改變生命。」**你怎麼想，決定了你是什麼樣的人**。所以，排除內心老舊、倦怠、無力的念頭，填滿新鮮、具創造力的信任、愛與善意。透過汰舊換新的過程，你一定可以重建生命。

要到哪裡尋找這種改變性格的思維？

我認識一個謙恭、但不曾被打敗的企業經理，他從來不曾被任何難題、挫折或對手給打敗。他用樂觀的態度，以及勢必會成功的信心，去處理每個困難。奇怪的是，最後他總是會成功，他似乎有種一生從不失敗的神祕手法。

這種令人印象深刻的特質，讓我對他一直很感興趣，但因他謙虛寡言的個性，很難說服他談論自己。

有一天，他終於願意說了，便把祕密告訴我，那是一個簡單而有效的祕密。那天，我參觀他的工廠，那是棟嶄新的現代建築，四處都有空調。新型的機械與製造流程，讓這家工廠的效率很高。他們的勞資關係在不完美的人間簡直幾近完美，整個組織充滿了善意。

他的辦公室屬於超現代風格，有著漂亮的桌子、地毯，牆壁是進口木材。房間裝飾是用五種驚人的顏色搭配起來，但看起來很賞心悅目。整體而言，簡直太完美了。但除了完美之外，好像還有什麼。

請你想像，我看到他光可鑑人的白色桃花心木桌上，竟放著一本老舊的《聖經》，我有多麼驚訝，它是那個超現代房間裡唯一的老物件。我指出這個頗不協調的現象。

他指著《聖經》回答：「那本書是這家工廠裡最新的東西。設備會磨損，裝飾風格會改變，但這本書超越我們的程度，讓它永不過時。」

「我剛進大學時，虔信的母親送我那本《聖經》，並告訴我，如果我閱讀並實踐裡面的教誨，將學到如何成功度過一生。那時，我認為她不過是善心的老太太。」他低聲輕笑說：「在我那個年齡，她看起來已經很老了，其實她不老。為了迎合她，我拿了《聖經》，但是我有許多年根本沒看它一眼，我以為我不需要。但其實，我是個笨蛋，是個傻瓜，我的人生變得一團糟。」

「我把每件事都搞砸了，主要是我的錯。我的想法錯誤，行為錯誤，做了錯誤的事。我什麼事都沒成功，每件事都失敗。我現在了解，我的主要問題是想法錯誤。過去的我消極負向、心懷怨恨、驕傲自大、固執己見。沒有人能跟我說什麼，我以為自己什麼都知道。我抱怨每個人，難怪沒人喜歡我。我確實是個失敗者。」

這就是他灰暗的故事。他繼續說：「有天晚上，當我在翻找報告時，碰巧看到這本早已被我遺忘的《聖經》。它喚起我過去的記憶，於是我開始隨意地翻閱。你知道嗎？事情的變化就是這麼奇妙；就是那麼一閃而過的瞬間，每件事都不一樣了。當我在讀《聖經》時，一句話跳進眼裡，改變了我的一生，我說的是真的改變，每件事都有了驚人的轉變。」

「是哪句奇妙的話？」我很想知道。

他慢慢背誦道：「耶和華是我性命的保障……我必仍舊安穩。」（詩篇27:1-3）

「我不明白為什麼那行字對我有這麼大的影響，」他繼續說：「不過它確實是如此。現在我知道了，那時的我既軟弱又失敗，因為我沒有信仰，沒有信心。我非常消極，是個失敗主義者。」

「但我心裡產生了變化，我猜我經歷了人們說的『心靈上的體驗』。我的思維模式從消極變成積極，並決定相信上天，真心誠意地盡自己最大的努力，遵循《聖經》的原則。當我開始這麼做，便掌握了一套新的思維。我開始有不同的思考，沒多久，過去的失敗思維就被新的心靈體驗給取代，新的念頭慢慢而真實地改造了我。」

這個商人的故事到此結束。他的想法改變了——新思維進入內心，取代了擊垮自己的舊思維，人生也就此改變。

這個例子說明關於人生的重要事實：思想可把你帶往失敗與不快樂，也可把你帶往成功與快樂。你的世界不只是被外在條件及環境所決定，也被占據心智的習慣性思維所決定。記住古代偉大的思想家馬可．奧里略（Marcus Aurelius）[1]的智慧之語，他說：**「人的思維決定他的一生。」**

思想能創造情境，相信就會實現

據說美國有史以來最聰明的人是愛默生，他說：「從一個人關心的事物，便可看出他是怎麼樣的人。」

有位知名的心理學家說：**「人類的天性有種很強的傾向，就是將自己精確地塑造成心裡想像的模樣。」**

有人說，思想確實具有活躍的力量，而人們會接受那些經由思考之力量判斷後所得的評價。你確實可以憑著思想讓自己處於或遠離某種情境。你可以透過思想讓自己生病，同樣的，你也可以透過不同的、有療效的思想，讓自己康復。**你以什麼模式思考，就會吸引什麼**

思想所創造出來的情境。若用另一種模式思考，你會創造出截然不同的狀態。思想創造情境，遠比情境創造思想更強而有力。例如，正向思考會啟動正向力量，以實現正面的結果。正向思考會在周圍創造出有利於正面結果發展的氛圍；反之，負向思考會在周圍創造出有利於負面成果發展的條件。

若要改變你周遭的環境，首先必須改變思想。**不要被動接受不理想的環境，必須在心裡形塑應該如何的環境圖像，然後守住那個圖像，堅定地按它的細節發展**，並且相信它、為它祈禱、盡一切努力，就能按照正向思考強調的心理圖像去實現它。

這是宇宙間最偉大的法則之一，我很希望自己在年輕時就發現它，但我直到晚年才終於領悟到，除了我與上天的關係外，它是我此生最偉大的發現之一。就更深一層的意義而言，這個法則是人類與上天關係中最重要的一環，因為它可將上天的力量傳輸到我們的性格裡。

簡言之，這個偉大的法則就是：如果負向思考，就會得到負面結果；如果正向思考，就會成就正面結果。事實就是這麼簡單，它是實現富裕成功的驚人法則之基礎。簡單用幾個字來說**：相信就會實現**（Believe and succeed）。

我發現這個法則的經驗很有趣。幾年前，我和幾位朋友辦了一個關於心靈自救的雜誌叫《標竿》。

那時，雷蒙・旬柏格（Raymond Thornburg）是發行人，我則負責編輯。剛開始時，這是一份沒有財務支撐，只是基於信仰而創辦的雜誌。事實上，它的第一個辦公室是在雜貨店樓上。一臺借來的打字機，幾張搖搖晃晃的椅子，就是雜誌社的全部了；除此之外，還有偉大的觀念及信仰。漸漸地，訂戶名單增加到兩萬五千多人，前景似乎很樂觀。有天晚上，一場突如其來的大火，讓雜誌社在一小時內就被燒個精光，訂戶名單也沒了。我們笨到沒有名單複本。

路威爾・湯瑪斯（Lowell Thomas）從一開始就是《標竿》忠實又有效率的贊助者，他在廣播節目中提到這件慘劇，結果我們很快就有三萬名訂戶，幾乎都是老客戶，還增加了不少新客戶。

後來，訂戶名單增加至大約四萬人，但成本也增加得很快。為了廣傳訊息，雜誌售價一直比成本低，如今成本比預期要高出許多，我們面臨嚴重的財務危機。事實上，有一度幾乎快撐不下去了。

這時，我們開了一次會。我敢說，你從來沒參加過更悲觀、更消極、更令人沮喪的會議了，裡頭充滿了悲觀的論調。要去哪裡找錢付帳單？我們想了一堆挖東牆補西牆的方法，沮喪得不得了。

有位大家都很敬重的女士受邀參加會議。她受邀的原因之一，是她曾捐了兩千元美金幫助我們創刊，我們期待偶然的好運能再度發生。但這次，她給了我們比錢更有價值的東西。

在這個沉悶會議的進行過程中，她始終保持緘默，直到最後總算開口了：「我猜諸位男士希望我再度提供財務支援。我可以幫助你們脫離苦難，但不會再給你們一毛錢。」

這段話讓我們覺得自己更悲慘了。「但是，」她繼續說：「我要給你們比金錢更有價值的東西。」

這讓我們很驚訝。在這種情況下，我們想不出來有什麼東西比金錢更有價值。

她繼續說：「我要提供各位一個具有創造力的想法。」

「嗯。」我們興致缺缺地說：「要怎麼用想法付帳單？」

啊，能幫助你付帳單的，其實就只是一個想法。**世上所有的成就，都是從一個富有創意的想法開始的。首先是想法，然後是相信這個想法，再來是實現這個想法的方法。**這就是獲得成功的過程。

她說：「這個想法是這樣的。你們當下的困難是什麼？你們全部都缺。你們缺資金、缺訂戶、缺設備、缺想法、缺勇氣。為什麼你們缺乏一切必要的條件？很簡單，因為你們只想到缺乏。如果你們只想到缺乏，就會創造出實現缺乏的條件。你們心裡一直強調缺乏什麼，也形成了妨礙（能推動《標竿》成長的）的創造力。就各方面來說，你們很努力，卻沒有做最重要的事——它能提供你們努力時所需要的力量——你們沒有運用積極向上的思考，反而只從缺乏的角度思考。」

「要改變這個處境，必須反轉你們的心理狀態，開始想像富裕、成就及成功。這當然需要練習，不過，只要你們展現信心，很快就能做到。這個過程就是想像，也就是用成就與成功來看待《標竿》，創造出一個心理圖像：《標竿》是重要、有價值、有廣泛影響力的雜誌。想像你們有廣大的訂戶群，全都熱切地閱讀這本鼓舞人心的雜誌，並且從中得到益處。創造出一個心理圖像：許多讀者的人生被《標竿》每期文章的成就哲學給改變。」

「不要心懷困難與失敗的心理圖像，要提升自己的心智去超越它們，並將力量及成就圖像化。當你提升思想進入想像的領域，便是往下看，而不是由下往上看待問題，如此的思考角度會令人振奮。永遠從正面看待問題，絕不要從負面碰觸問題。」

「現在讓我更進一步問你們。」她說：「目前《標竿》需要多少訂戶才能維持下去？」

我們很快地想了一下，說：「十萬。」那時我們有四萬名訂戶。

「很好。」她充滿信心地說：「這一點都不難，簡單得很。想像這本雜誌有創意地幫助了十萬人，你們就會有十萬名訂戶。只要你們在心裡看見他們，他們就是你們的訂戶。」

她轉向我說：「諾曼，現在你看得到十萬名訂戶嗎？向外看，向前看。你的心靈之眼能看到他們嗎？」

那時我沒被說服，懷疑地說：「喔，也許吧，但看起來不太清楚。」

我覺得她有點失望，她說：「難道你無法用想像力看見十萬名訂戶嗎？」

我想，我的想像力不太好，因為我只看見不到十萬但實際存在的四萬名訂戶。

她又轉向我的老友雷蒙・旬柏格，他天生樂觀又有信心。她叫他的綽號說：「小粉紅，你能想像有十萬名訂戶嗎？」

我有點懷疑小粉紅看得見。他是開橡膠工廠的，從百忙中抽空來做志工，推動這本鼓舞人心的非營利雜誌。通常你不會覺得橡膠製造商會對這種思想有反應，但他有創造性的想像力。我從他入神的表情看得出來，他被她影響了。當她問道：「你看見十萬名訂戶了嗎？」他以驚訝的表情向前凝視：「是的。」他熱切地大叫：「對，我真的看到他們了。」

我吃驚地問：「在哪裡？指給我看。」

接著，我也在想像中看到他們了。

「現在，」這位女士繼續說：「讓我們一起低頭感謝上天賜給我們十萬名訂戶。」

坦白說，我覺得這樣要求上天有點勉強，但根據《聖經》的經文來看卻很合理，那句經文是：「你們禱告，無論求什麼，只要信，就必得著。」（馬太福音21:22）意思是說，當你祈求什麼時，同時想像祈求的事物，相信那是合乎上天的旨意，是值得的，不是自私的要求，而是為了人類的美善，祂在那一刻就會賜給你想要的東西。

如果你不理解這個理論，讓我告訴你，從那時開始直到我現在寫出來，《標竿》再也不缺任何東西。它有好朋友與良好的援助，總是能即時付清帳單，採買需要的設備，財務健全。當我撰寫此文時，《標竿》的發行量有五十萬份，訂戶也持續穩定成長，有時一天就會增加三、四千份。

一切在於你如何看待問題

各行各業中有卓越成就的人，都從他們的經驗中了解這個法則的價值。

亨利・J・凱瑟（Henry J. Kaiser）[2]告訴我，他在河邊蓋了一座堤防，結果一場暴風雨和洪水，把所有土方工程機械都淹沒了，已經完成的工程也全都毀了。洪水退去之後，他去觀察災情，看見工人站在堤防的四周，悶悶不樂地看著淤泥和淹壞的機器。

他走到工人中間，微笑問道：「你們為什麼看起來這麼沮喪？」

「難道你沒看見發生什麼事嗎？」他們說：「我們的機械全沾滿了泥巴。」

「什麼泥巴？」他開朗地問。

「什麼泥巴？」他們驚訝地重複。「看看你四周，全是一堆爛泥。」

「啊，」他笑了。「我沒看見什麼泥巴。」

「你為什麼這麼說？」他們問道。

凱瑟先生說：「因為我抬頭看到晴朗的藍天，那裡沒有泥巴，只有陽光，我從來沒看過任何泥巴能對抗陽光。淤泥很快就會變乾，到時你們就能移動機械，重新開始了。」

他說得對。如果眼睛往下看著泥巴，會有失敗的感受，就會為自己創造失敗。樂觀的想像結合禱告與信仰，絕對能實現成就。

我有位出身卑微、後來很有成就的朋友，記得他小學時是個毫不引人注意又十分害羞的鄉下男孩。但是他很有個性，擁有我所見過最靈敏的頭腦。如今，他在工作領域很有成就。

我問他：「你成功的祕訣是什麼？」

「多年來與我一起打拚的夥伴，以及美國給了一個男孩無限的機會。」他回答道。

「是的，我知道是那樣，但我相信你一定有某些個人方法，我很想知道。」我說。

「一切在於你如何看待問題。」他說：「我在處理問題時，會先在心裡把它們分成一小片、一小片，並把全部精神集中在上面。第二，我誠心禱告。第三，我會在心裡描繪成功的圖像。第四，我總是反問自己：『什麼是正確該做的事？』如果是錯的事情，就不會有對的結果。如果是正確的事情，就不會有錯的結果。第五，我全力以赴。」他做出結論：「不過我要再次強調，如果此刻你的念頭是失敗與挫折，請立刻改變它，換上全新的正向念頭，這是克服困難並得到成功的首要且基本的事。」

就在你閱讀本書的此刻，心裡一定有著具潛力的念頭。擴大它並照著做，就可以解決財務及生意問題。你能照顧自己及家庭，並獲得事業成功。穩定地吸收並實踐這些富有創意的思維，可以一併改造自己與人生。

我有段時間默許了某種愚蠢的念頭，就是以為信仰和富裕一點關係都沒有；以為談論宗教時，不該將它與成就連結起來；我以為宗教只處理倫理、道德或社會價值。我現在了解到，這種觀點限制了上天的力量與個人的發展。宗教信仰指引我們，宇宙間有種強大的力量能深植內心，能把失敗驅趕出去，並將人提升到一切困難之上。

我們見識過原子能的威力，也知道驚人且巨大的能量存在於宇宙間，而這個能量就深植於人類心靈。世上沒有任何比人類心靈更強大的力量，**任何人都可以實現比自己假設更大的成就。**

不論誰在讀這個句子，它都是真的：當你真正學習釋放自己，你將會發現，心靈有許多富於創意價值的想法，你不缺任何東西。只要充分且適當地運用被上天激發的力量，就能實現成功人生。

你幾乎可以任意塑造你的人生——任何你所相信或想像的，任何你期盼並為之努力的人生。只要深入內心，驚人奇蹟就在那裡。

無論你現在的處境如何，都可以改善。首先，必須讓你的心靈平靜，這樣靈感才能自心靈深處往上提升。相信此刻上天正在幫助你，並想像成就的圖像。根據精神的基礎來管理人生，讓上天的原則在心裡運作。在內心掌握成功而非失敗的圖像，如此，創意思想就會自心裡油然而生。這是個十分驚人的法則，可以改變任何人，包括你的人生。不論你現在面臨任何困難，導入新的思想就能夠產生改變。我再說一遍，是任何困難。

總而言之，無法過著充滿活力且成功的人生之基本原因，在於內在的錯誤。我們的思考錯誤，因此需要糾正思維的錯誤，需要學習正確的思考。成功人生的最大祕訣，就是減少犯錯的機會，增加正確性。只要心中導入新的、公正的、健康的思維，就可以有創意地改變人生情境。正確的念頭永遠能產生對的程序，因而產生好的結果。

向上思考力

開創向上創意思維的步驟

以下是七個實用步驟，可以讓你的心理態度從消極轉為積極，釋放具有創意的新思想，把錯誤的思考模式轉化為正確的模式。試試看，持續地嘗試下去，真的很有用。

1. 從現在開始二十四小時之內，刻意以充滿希望的態度談論每件事：你的工作、你的健康及你的未來。盡可能以樂觀的態度談論每件事。這可能滿困難的，或許你的習慣是以悲觀的態度談論事情，但你必須克制自己原本的消極習慣，即使這需要很強的意志力。

2. 在懷抱希望談論事情二十四小時後，接下來的一週也持續這麼做，然後你可以「實際」個一、二天。你會發現，一週之前你認為的「實際」，其實是很悲觀的態度，而你現在認為的「實際」已經完全不同了，這是向上思考的開始。絕大多數人都誤以為自己是「實際」，其實只是在騙自己，因為這種實際只是負向思考罷了。

3. 你必須像餵養身體那樣餵養心靈。要使心靈健康，就必須提供營養、有益健康的思想。因此從今天起，請從消極思考轉為積極向上的思考。從《新約》第一頁開始，在每句跟信仰有關的經文下面劃線，持續這麼做，直到把四福音書（馬太、馬可、路加、約翰）裡的這類經文通通劃上線。尤其要注意馬可福音第十一章第二十二、二十三、二十四節，它們是你必須劃線，並銘記在心的例子。

4. 背下劃線的經文。一天背一句，直到能憑記憶全部背下來為止。這需要一點時間，但請記住，你曾花過更長的時間變成一個消極的思考者。你必須花費足夠的努力和時間，才能清除消極的思考模式。

5. 列一張朋友清單，確認其中誰是積極向上的思考者，刻意建立與他之間的關係。不要放棄思考消極的朋友，但要花點時間接近那些擁有積極觀點的人，直到吸收他們的精神及態度，然後再回到消極的朋友圈，提供你的新思考模式，如此才不會被他們的消極想法影響。

6. 避免爭議，但任何時候只要聽到消極的觀點，便以積極和樂觀的態度回應。

7. 多禱告，而且永遠是感恩的禱告，相信上天賜予你偉大且美好的事物。只要你認為祂是，祂就是。上天賜給你的恩典，不會比你所相信的更多。祂會賜你極大的恩典，但即使是祂，也無法讓你獲得任何超過你信心程度的事物。

擁有更美好、更成功的人生祕訣，在於拋棄陳舊、死寂、不健康的思維。擁有全新、有生命、有能量的信仰，你可以相信，新思想的導入將改變你與你的人生。

註解

1.馬可・奧里略（一二一至一八〇年）：羅馬帝國第十六任皇帝，也是斯多葛派哲學家，著有《沉思錄》傳世。

2.亨利・J・凱瑟（一八八二至一九六七年）：美國企業大亨，涉足公共工程、建築、汽車、房地產、造船等行業。被稱為「美國現代造船業之父」。

9 放輕鬆，世界大不同

美國人平均每天晚上需要六百萬顆安眠藥才能入睡。這個驚人的事實，是我幾年前參加製藥產業大會演講時，一位業者告訴我的。這個說法似乎令人難以置信，但我聽其他了解內情的人士指出，這個數字已經是低估了。

事實上，我聽過另一個可信的消息來源說，美國人每天會使用一千兩百萬顆安眠藥。這足以在今晚讓十二分之一的美國人入睡。根據統計，近年來安眠藥的使用量增加了一百倍，新的統計數字則更為驚人。根據某家大製藥公司副總裁的說法，美國人使用安眠藥的數量，每年大約有七十億顆，換算起來大約是每晚一千九百萬顆。

這是多麼可悲的事。睡眠是人體恢復健康及體力的自然過程，我們以為每個人工作一整天後，都可以安安穩穩地睡上一覺，但顯然美國人已經失去睡眠的能力。事實上，他們是這麼的興奮與緊張，身為牧師的我有許多機會可測試這點。我向各位報告，美國人精神緊張、容易興奮的程度，已經到了無法用講道讓他們打瞌睡的程度。自從我上次看到有人在教堂裡睡著，已經過了好些年。這真是太悲哀了！

有位華盛頓官員很喜歡玩數字，尤其是龐大的數字，他說，去年美國共有七十五億次頭痛，換算起來，平均每人每年會頭痛五十次。你是否已達成今年的配額？這位官員是如何算出這個數字的，他並沒有告訴我，但我們談過之後沒多久，我讀到一篇報導指出，就在不久之前，製藥產業一年賣出近五千公噸的阿斯匹靈。或許這個時代正如某位作家所說的，可以稱之為「阿斯匹靈時代」。

有權威消息指出，全美國有二分之一躺在床上的患者，不是因病菌感染、意外或器官疾病而住院，而是沒有能力組織與控制情緒。

有某家診所針對五百名病患持續進行試驗，發現其中有三百八十六人（百分之七十七）有精神壓力引起的疾病，主要是因不健康的心理所導致的生理病痛。另一家診所則是分析潰瘍案例，並於報告中指出，有將近半數的案例並非因生理問題而致病，而是因為憂慮或怨恨、內疚或過於緊張。

另有一家診所的醫師觀察到這個現象指出，就算醫學界使用科學方法會有驚人的進展，但只能治癒不到半數的疾病。他宣稱，是患者將病態的思想放回身體裡面才會導致生病，而這些有病的思想，主要是焦慮和緊張。

我們都是緊張情緒的受害者

有鑑於這個問題的嚴重性，我們位於紐約市第五大道與第二十九街交會處的Marble Collegiate 教會的員工裡，有十二位是精神科醫師，並由史邁里・伯蘭頓醫師負責督導。為什麼教會員工裡需要有精神科醫師？答案是精神醫學是一種科學，它的功能是依據嚴格認證的法則和程序，用來分析、診斷及治療人們的個性。

只要有人來我們診所，第一個諮詢的對象可能是精神科醫師，他會以親切謹慎的方式來分析問題，並告訴患者「為什麼他會這麼做」。這是必須了解的重要事實。例如，為什麼你一輩子都有自卑感？為什麼你一直被恐懼困擾？為什麼你心懷怨憤？為什麼你總是沉默寡言？為什麼你會做出傻事或發表不當言論？你性格中的這些問題並非天性如此，你為什麼會做你正在做的事，一定有它的原因。當你終於了解原因，那將是你人生中最重要的一天，因為自我認識是自我改進的起點。

完成自我認識的過程後，精神科醫師會把患者轉給牧師，而牧師會告訴他應該怎麼做及如何進行。牧師會科學地、有系統地，運用禱告、信仰和愛來治療患者。精神科醫師及牧師結合兩者的知識和療法，讓許多人獲得新生與幸福。牧師不做精神科醫師的工作，精神科醫師也不會做牧師該做的事，他們各自發揮功能，但合作無間。

我們診所處理的病患中，經常出現的問題就是緊張。然而，不只是美國人受緊張折磨，不久以前，加拿大皇家銀行用一整本的每月通訊刊物討論這個問題，標題是〈讓我們慢下來〉，裡頭有一段說：「這本月刊不是精神和心理健康的諮詢刊物，但企圖破解那些困擾每個加拿大成人的問題。」我可以補充一點，在美國也是如此。

那本銀行通訊刊物還說：「我們是不斷加劇的緊張情緒的受害者，我們無法放鬆，導致易於興奮的神經系統長期處於過度興奮的狀態。我們熱衷於整日、整夜、整天地倉促與匆忙，生活不完整。我們必須記住卡萊爾（Thomas Carlyle）[1]所說的：**『心靈至高無上的平靜，可以掌控一切問題。』**」

當一家聲望卓越的金融機構呼籲客戶注意這個事實，表示客戶們已成為緊張的受害者，無法過著真正想要的生活。現在顯然是該對這點做些什麼的時候了。

放輕鬆，才能釋放極致的力量

我在佛羅里達州的聖彼得斯堡看見街邊有一臺機器，上面寫著：「你的血壓是多少？」你可以放一枚硬幣進去，就會得到壞消息。當你可以像買口香糖一樣，從販賣機買到血壓指數，就表示很多人都有高血壓的問題。

降低緊張情緒最簡單的方法，就是放輕鬆。做事時慢一點，少點忙亂，不要有壓力。我的朋友，棒球界名人布萊奇・瑞基（Branch Rickey）告訴我，若是球員有「過度堅持」的毛病，不管他多會打擊、守備或跑壘，都無法將實力發揮出來。要成為大聯盟的一員，就必須以輕鬆的力道進行每個動作，心態當然也要放輕鬆。讓全身肌肉柔韌而有彈性，以相互關連的力量進行揮棒，就是最有效的擊球方法。殺球2反而可能會擊偏或是打不到球，這在高爾夫球、棒球等每項運動中皆是如此。

從一九〇七到一九一九年，除了一九一六年以外，泰・卡伯（Ty Cobb）的打擊率始終領先美國聯盟其他球員。泰・卡伯把他創造紀錄的球棒送給我的某位朋友。在我取得同意並拿起這支球棒時，心中充滿了敬畏。我擺了一個打擊的姿勢，就像真的在打球。毫無疑問的，我的打擊姿勢完全不會讓人聯想到那位永垂不朽的強打者。事實上，曾是小聯盟球員的朋友輕笑說：「泰・卡伯絕不會那樣打球。你的姿勢太僵硬、太緊張了。你顯然用力過度，恐怕會被三振出局。」

看泰・卡伯打球真是太過癮了。他的身體與球棒合而為一，可說是揮棒韻律的典範，他揮棒時的輕鬆模樣令人讚歎，是輕鬆使力的大師。所有的成功也是如此，只要分析做事有效率的人就知道，他們看起來總是一派輕鬆，用最少的力氣就能完成工作。當他們這麼做時，所釋放的是極致的力量。

某個二月的早上，我匆忙疾行於某家佛羅里達旅館的長廊上，滿手都是紐約辦公室寄來的信。我來佛羅里達州過冬，卻無法脫離例行事務，每天早上的第一件事就是檢查郵件。當我匆匆走過走廊，打算花幾小時處理信件時，一位從喬治亞州來的朋友坐在搖椅上，帽子半遮著眼睛，叫住低頭疾行的我，並以緩慢而親切的南方口音問：「你忙著趕去哪裡啊，醫師？在佛羅里達的陽光下，不該那麼匆忙。來來來，好好坐在搖椅上，替我進行一件最偉大的藝術。」

我困惑地問：「幫你進行最偉大的藝術？」

「對。」他回答：「一種快要消失的藝術。已經沒有多少人知道該怎麼做了。」

「好吧。」我問：「告訴我是什麼。我看不出來你在進行什麼藝術。」

「喔，是的，我正在進行。」他說：「我正在實踐的藝術，就是坐在陽光下。坐在這裡，讓太陽照在臉上。它很溫暖，聞起來的味道也不錯，讓內心很平靜。你是否曾想過跟太陽有關的事？它從不匆忙，從不興奮，只是慢慢地工作，也不會發出噪音。它不按任何警報器，不接任何電話，不敲任何鐘，只是持續地照耀萬物，而且它在一瞬間所做的事，比你我一輩子做的事還要多。」

「想想看它做了什麼。它讓花開，讓樹成長，溫暖了地球，讓水果蔬菜長大，讓五穀成熟，讓水氣升上又落回地面，它讓你有『平和安詳』的感覺。」

「我發現，當我坐在太陽底下，讓陽光在我身上發揮作用，它就會照進我的身體給我能量，也就是說，我得花點時間坐在太陽底下。」

「所以，把你手上的那些郵件丟到角落，坐到我這裡來吧。」

我照做了。等我終於回房間處理信件時，很快就處理完了。當天還剩下很多時間可以做點休閒活動，「坐在太陽下」久一點。

我當然知道，很多懶人一輩子都坐在太陽底下，不做其他事。坐下來放鬆情緒，與只是坐著是有差別的。如果你坐著並放鬆情緒，同時想著上天，讓自己與祂合而為一，開放自己接受祂的力量，這樣坐著可不是懶惰。事實上，這大概是更新力量的最好方法了。它會產生驅動能量，讓你可以驅動事物，而不會反過來被驅動。

祕訣在於**保持心境的平和，避免輕率的忙亂反應，同時能使用平和的思考方式**。這種藝術的精髓就是放慢生活步調，以最有效率、最能保存能量的方式完成任務。

放鬆情緒三大方法

有個方法是艾迪・瑞肯貝克（Eddie Rickenbacker）[3]上尉建議的。平時忙碌的他，在處理工作的方式上，顯示他儲備了許多能量。我剛好發現他的箇中祕密。

有一次，我們為電視臺拍攝某個節目，事前有人向我們保證工作可以很快完成，讓他有時間處理日常生活的其他事務。

然而，拍攝時間拖得很長，遠遠超出預期。但我注意到，上尉沒有任何焦慮的跡象，並沒有變得緊張或憂慮。他沒有踱來踱去，不斷打電話回辦公室；反之，他泰然接受這個情況。攝影棚裡有幾張老舊的搖椅，顯然是為了其他節目而準備的。他坐在搖椅上，看起來很放鬆，一點都不焦急。

我很欽佩他，並稱讚他一點都不緊張。「我知道你有多忙。」我說：「我很驚訝你能安靜、鎮定、平和地坐在那裡。」

至於我自己，是有些憂慮，因為我擔心會耽誤他太多時間。我問他：「你怎麼能這麼沉著，都不受影響？」

他笑著說：「我只不過是在實踐你講道中主張的方法。來吧，別著急，坐到我旁邊。」

我拉了另一張搖椅，也放輕鬆了點。我說：「艾迪，我知道你有方法可做到這種令人印象深刻的平靜。告訴我吧，拜託。」

他很謙虛，但我堅持要他說，他才說明自己常用的方法。我現在也會使用，真的很有效。這個方法是這樣的：

首先，**將身體放柔軟，每天練習幾次，放鬆每一塊肌肉。想像自己像個水母，讓身體完**

全放鬆。在心裡畫一張裝滿馬鈴薯的粗麻布袋之圖像，然後在心裡割破布袋，讓馬鈴薯滾出來。想像你就是那只布袋。

還有什麼比一個空的粗麻布袋還要鬆垮的東西？

這個方法的第二項要素，就是**「淨空心靈」。每天進行幾次，把一切忿怒、怨恨、失望、挫折和煩惱都從心靈排放出來。**除非經常定期淨空心靈，否則這些令人不快的念頭會逐漸累積，直到爆炸為止。讓心靈排除一切會阻礙輕鬆力量流動的因素。

第三，**靈性地思考。意思是說，將心思意念轉向上天。每天至少三次「向山舉目」，如此可保持你與上天的想法一致，讓你內心充滿平安。**

這個方法讓我大感佩服。它是可用來放鬆情緒、輕鬆度日的好方法。

我也向紐約友人Z．泰勒．柏可維茲（Z. Taylor Bercovitz）醫師學到很多放輕鬆的技巧。當壓力很大，整間辦公室都是病患，電話又響個不停時，他會突然停下來，靠在書桌旁邊，用自然且尊敬的語氣跟上天說話。我很喜歡他禱告的方式。他的禱告內容大致如下：「主啊，我把自己逼得太辛苦了，有點神經緊張。我在這裡進行諮商，教病人保持平靜，現在我也必須保持平靜。請用祢的平安療癒、撫慰我，賜給我沉著、平靜及力量，並儲存我的勇氣，讓我能幫助這些前來求診的人們。」

他靜靜站立約一、兩分鐘，然後感謝主，就全力而輕鬆地做該做的事。

當他在城裡四處出診時，常因交通阻塞而塞在路上。他有個有趣的方法，把原來讓人不耐的耽擱變成放鬆的機會。他會關掉引擎，頭往後靠，閉上眼睛，有時還會睡著。他說，不必擔心睡著這件事，因為一旦車流恢復正常，刺耳的喇叭聲便會喚醒他。

這些在交通阻塞中放鬆的插曲，雖然只有一、二分鐘，卻有更新能量的作用。在一天裡，你可以就地休息許多個一分鐘（或幾分之幾分鐘）的時間多得驚人。如果你可以在這段時間裡，有意地汲取上天的力量，將可獲得足夠的休息。有品質的休息不需要多長，便可以產生力量。

有人告訴我，知名的統計學家羅傑・包布森（Roger Babson）常進入空無一人的教堂裡安靜地坐著。他或許會讀一、二首聖詩，休息一下恢復精神。戴爾・卡內基（Dale Carnegie）只要在情緒緊張時，就會到紐約辦公室附近的教堂，花十五分鐘禱告冥想。他說，工作最忙時，就該離開辦公室去教堂禱告。這是**控制時間而不被時間控制**的例子，同時也顯示他有所警覺，擔心緊張的情緒會一發不可收拾。

某天晚上，我坐在由華盛頓開往紐約的火車上時，遇到一位朋友。他是眾議員，正要去選區的選民大會進行演講，對象是一群對他不太友善的人，可能會找他麻煩。雖然他們只是選區裡的少數，他還是得面對。

「他們是美國公民，我是他們的國會議員。如果他們想要的話，就有權利跟我見面。」

「你看起來好像不怎麼擔心。」我說。

「是啊。」他回答：「如果我擔心的話就會煩惱，就無法妥善處理這個局面了。」

「你有任何處理這種緊張局面的特殊方法嗎？」我問。

「當然。」他回答：「他們是一群吵鬧的群眾。但我有不會緊張的方法。我會深呼吸，平靜地談、誠懇地說，態度友善而尊重，盡量控制脾氣，並相信上天會看顧我。」

「我學到一件很重要的事。」眾議員繼續說：「就是在任何情況下都要放輕鬆，保持冷靜，態度友善，充滿信心，盡力而為。通常只要這麼做，就可以得到不錯的結果。」

我毫不懷疑這位眾議員有能力在生活和工作中不緊張，而且有能力成功實現他的目標。

我在我的農場做些建築工事時，看到一位工人揮動著鏟子，正在鏟一堆砂子，動作看起來很美。他打著赤膊，緊實且發達的肌肉，讓他工作起來既精準又協調，當他的鏟子舉起和落下時，有著完美的韻律。他把鏟子插進砂堆，身體往前傾靠在鏟子上，再把鏟子壓進砂堆裡，然後乾淨俐落地一揮，用鏟子把砂子鏟到另一邊，所有動作一氣呵成，沒有間斷。他再一次把鏟子插進砂裡，又一次把身體靠向鏟子，然後又一次以完美的弧度揮起鏟子——你幾乎可以跟著他的動作韻律唱歌。事實上，他確實一邊工作，一邊唱歌。

工頭告訴我，那是他手下最好的工人，我一點也不驚訝。工頭又說，他的個性幽默，跟他一起工作很開心。這就是一個心情輕鬆的人，生活在快樂的力量裡，是放鬆的達人。

放輕鬆是再創造的結果，而再創造的過程必須持續下去。人類應與一股持續流動的力量連結在一起，這股力量是從上天那裡來的，它在穿透一個人之後，會再回上天那裡獲得更新。當你的人生與這股持續再創造的過程和諧一致，也就學會了這種不可或缺的放鬆且悠然自得地工作的能力。

向上思考力

消除辛勞的放鬆守則

這裡列了十項原則，可以消除工作的辛勞，能讓你放輕鬆，擁有舉重若輕的力量。

1. 不要以為自己是把世界扛在肩上的阿特拉斯[4]。不必過度緊繃，別把自己看得太重要。
2. 一定要喜歡自己的工作，如此它會變成一樁樂事，而不是苦差事。或許你不必換工作。改變自己，工作就會變得不一樣。
3. 工作要有計畫，按照計畫工作。若是沒有章法，就會覺得「我忙不過來」。
4. 不要同時做所有的事，那就是時間過於分散的原因。
5. 心態要正確。記住，你的工作是容易還是困難，端視你怎麼看待。你認為它很困難，就會把它變得很困難；認為它容易，它就會變得很容易。

6. 做事要有效率。「知識就是力量」（對你的工作而言），做事的方法對了，就會比較容易完成。

7. 放鬆心情。別著急，慢慢來。不要硬逼自己。冷靜以對。

8. 約束自己，別把今天能做完的事留到明天。未完成的工作累積起來，會讓工作更加困難。確認你的工作跟得上進度。

9. 為你的工作禱告。如此一來，可以讓你更輕鬆，工作效率也會更高。

10. 讓「看不見的夥伴」跟你一起工作，祂能幫你卸下的負擔多得驚人。上天在辦公室、在工廠、在商店、在廚房，就跟在教堂裡一樣自在。祂比你還了解你的工作，有了祂的幫助，會讓你工作起來更輕鬆。

註解

1. 卡萊爾（一七九五至一八八一年）：蘇格蘭人。是作家，也是歷史學家，代表作有《英雄與英雄崇拜》、《法國大革命史》。
2. 殺球（kill the ball）：高爾夫球術語，指打得遠而用力的擊球。
3. 艾迪・瑞肯貝克（一八九〇至一九七三年）：是美國在第一次世界大戰裡獲頒最多勳章的戰鬥機飛行員。
4. 阿特拉斯（Altlas）：希臘神話裡的巨人，被宙斯處罰用雙肩撐住天。後來，民間傳說把他扛的東西改成地球。

10 讓別人喜歡你的三大關鍵

我們不妨承認，我們很希望別人喜歡我們。你可能聽別人說過：「我不在意別人是否喜歡我。」不管你聽到什麼，請姑且聽之，因為事實上對方並沒有說實話。

心理學家威廉・詹姆士說：「人類天性中最基本的驅力之一，就是希望得到別人的欣賞。」其實，希望被別人喜歡、被別人尊重、成為被追求的人，都是很基本的需要。

曾經有個針對高中生的調查問受訪者：「你最想要什麼？」絕大多數高中生的答案，壓倒性地都是希望自己能受到歡迎。年長一點的人也有同樣的渴望。事實上，我懷疑有人不曾認真考慮、高度關注，或是有強烈的欲望，希望朋友喜歡他。掌握受人歡迎的藝術，其實一點都不藝術。太過刻意讓自己受歡迎，恐怕無法讓你真正受人喜愛。但是擁有特殊的個性，可以讓別人用「他真有一套」來形容你，那麼你肯定在邁向別人喜歡你的路上。

但我必須警告你，你可以讓自己受歡迎，卻不可能讓每個人都喜歡你。人類天性中有個很古怪的地方，就是有些人天生不喜歡你。牛津大學的牆上有首四行詩是這麼寫的：

我不愛你，菲爾博士，
是什麼原因我很難說，
我只是非常地清楚，
我不愛你，菲爾博士。

這首詩非常微妙。作者不喜歡菲爾博士，但他不知道是什麼原因，只知道自己不喜歡他。毫無疑問的，這真是最沒有理由的厭惡。

菲爾博士是個好人，若是作者更了解他的話，或許會喜歡他，然而從作者的詩來看，可憐的菲爾博士並未成為讓作者喜歡的人。或許只是缺乏和睦的感受，這是一種難以言喻的機制，讓我們覺得某些人跟自己「對盤」或「不對盤」。

《聖經》也曾提及這種人性中令人不悅的事實。《聖經》上說：「若是能行，總要盡力與眾人和睦。」（羅馬書12:18）《聖經》是很務實的，它很了解人類，包括人類無限的可能性及不完美。《聖經》建議門徒若是來到某個村莊，自認已盡全力與人和睦相處，還是無法如願時，最好把腳上沾到這裡的每一粒灰都撢掉：「凡不接待你們的，你們離開那城的時候，要把腳上的塵土跺下去，見證他們的不是。」（路加福音9:5）這段話的意思是，若是你無法讓每個人都喜歡你，而不想讓這件事影響你太深的話，就要放下它。

然而，若是你有足夠的信心，遵照特定的法則與步驟來進行，可以讓你受人歡迎。即使你原來「難相處」，或生性害羞及退縮，甚至不懂社交，都可以享受令人滿意的人際關係。你可以讓自己在人群中享受輕鬆、平常、自然、愉悅的人際關係。

我無法強力逼迫你思考這點的重要性，並給你足夠的時間及注意力去掌控這點，但在你這麼做之前，將永遠無法感到全然的快樂或成功。受人喜愛比單純的個人滿足更為重要；正常且令人滿意的人際關係，要比成功人生來得重要多了。

渴望被他人需要的天性

不被想要或需要的感覺，是人類最具殺傷力的反應。被別人追捧或需要的程度，會讓你成為全然放鬆的人。

「孤獨的狼」擁有孤單的本性，總是離群索居，會因難以形容的神祕而飽受痛苦。他們基於自衛，甚至會退縮在自己的世界裡。他們向內生長，這閉關自守的天性，違背了自然發展的友好及給予的經驗。除非這種個性能被充分利用，對其他人產生幫助，否則將會導致疾病或死亡。

不被想要或需要的感覺，會帶來沮喪、老化及疾病。如果你覺得自己毫無用處，如果沒有人要你或需要你，你絕對會想要有所改變。不只是這樣活著很可憐，而是因為這是嚴重的心理問題。天性如此的人會不斷遇到這類難題，而導致不幸的後果。

舉例來說，在某個城市的扶輪社午餐會上，有兩位醫師與我同桌：年長的那位已退休多年，另一位則是城裡很受歡迎的年輕醫師。年輕醫師看起來很疲憊，因遲到而匆匆走進來，他頹然坐下，虛弱地嘆了口氣說：「電話一直響，我根本走不開。」他抱怨地繼續說：「大家一天到晚打電話找我，我真想把電話調成靜音。」

年紀較長的醫師輕聲說：「我知道你的感受，吉姆。過去我也有這種感覺，但你應該感謝你的電話總是響著，你應該為了大家想要也需要你而感到欣慰。」然後他哀怨地加了一句：「再也沒有人打電話給我了，我多想聽到電話聲再度響起。沒有人想要我，也沒有人需要我，我已經過氣了。」

聽了老醫師的這番話，全桌這些常因活動太多而疲倦的人，不由得認真思考這個問題。

有位中年女士抱怨說，她感覺很不舒服。她一點都不滿足，也不快樂。「我丈夫死了，孩子都大了，我再也沒有任何事好做。他們都對我很客氣，但是不關心我；他們每個人都有自己的興趣，沒有人需要我，沒有人想要我。我懷疑，這會不會是我覺得不舒服的原因？」她問道。事實上，這可能是非常重要的因素。

有位年過七十的公司創辦人，在辦公室裡毫無目的地走來走去，停不下來。當他跟我說話時，如今已接手經營公司的兒子正在講電話。

那位老人幽幽地說：「你為什麼不寫一本關於退休的書？那正是我需要的。我原以為放下工作重擔會很棒，如今我發現，沒有人對我說的話感興趣。我一直以為自己很受歡迎，但是現在我來到公司，坐在辦公室裡，每個人跟我打完招呼後就忘了我。」他感傷地下了結論：「我真希望他們多需要我一點。」

這些人被人生最感傷、也最不快樂的經驗所苦。他們最基本的欲望是被別人需要，而這樣的欲望卻無法被滿足，他們希望別人欣賞自己。每個人的天性都渴望被尊重，但不是只有退休以後才會遇到這種狀況。

有個二十一歲的女孩告訴我，從她出生以來就不曾被需要過。有人告訴她，她是個不被需要的小孩，這個可怕的念頭深入她的潛意識，讓她產生嚴重的自卑感及貶抑感，變得害羞而退縮，總是離群索居。她變得很孤獨、不快樂，事實上，她的真實個性並沒有被開發。為了讓她有所改變，必須修補她的心靈，特別是她的思考，只要假以時日，就會慢慢修正回原來的個性，成為受人喜愛的人。

讓他人感覺舒服、無壓力

許多人未必是因為深層、無意識的心理衝突而不受歡迎，只是無法掌握相關技巧罷了。他們已經盡力，可能表現得太過極端，以致看起來並不樂在其中，而他們選擇這麼做，只是出自想讓人喜歡自己的強烈欲望。至今我們仍能在世界各地看到裝腔作勢的人，其目的都是想在這個現代社會的浮誇世界裡受到歡迎。

事實上，只要透過幾個簡單、自然、正常且容易掌控的技巧，就能讓自己受人歡迎。只要喜悅地練習這些技巧，就能成為眾人喜愛的人。

成為讓人感覺舒服的人，也就是與別人相處時，不會讓人感受到壓力。我們會形容某些人：「你絕對不會想接近他。」一個讓人舒服的人很容易相處，也很自然，他有著令人愉悅、友善、和藹的個性。跟這種人相處，就像戴著舊帽子、穿著舊鞋子或舊衣服般自在。嚴厲、節制、不負責任的人，永遠無法融入大家，這種人總是與他人格格不入，你永遠不知道該如何與他相處，或是知道他會做何反應。總之，你就是不想跟他在一起。

有些年輕人提起他們都很喜歡的一個十七歲男孩。他們的說法是：「他是很好的同伴、很好的運動員，他很好相處。」

培養自然的個性非常重要，通常這種人的心靈都很巨大。有些人則會在意別人怎麼對待他們，只因為嫉妒他人的身分或地位，於是小心翼翼地堅守自己的權利，而變得十分嚴肅，防禦心很強。

前美國郵政部長詹姆士・A・法利（James A. Farly），就是擁有自然個性的人。幾年前，我第一次遇見他後的幾個月，又在某個大型場合遇到他，他叫出了我的名字。我永遠不會忘記這點，這也是我一直很喜歡他的原因。

有件有意思的小事能反映出他讓人喜歡的祕訣。我受邀在賓州一個「作者與書」的午餐會上，與法利先生及其他兩位作者進行演講。當所有午餐會的講者一起沿著走廊走進來時，經過一個站在推車旁的房務人員，推車上堆滿床單、毛巾及其他整理房間的用品。她沒注意到這群人走過來時可能會碰到推車，於是法利先生走向她，伸出手說：「哈囉，你好嗎？我是詹姆士・法利。你的名字是？很高興見到你。」

這群人經過走廊後，那女孩驚訝地張大了嘴，臉上露出美麗的笑容。這是一個無私、舒服、友善的人，擁有成功人際關係的最佳範例。

某所大學心理學系進行過一項計畫，分析什麼樣的人格特質會讓人喜歡或不喜歡。他們科學地分析了一百種性格特質，發現一個人必須要擁有四十六種人格特質才會讓人喜歡。這消息真是令人洩氣。

然而，基督教教義指導我們，**有一個最基本的性格特質就能讓其他人喜歡你，那就是真**

誠而坦率地對其他人感到興趣，並且喜歡對方。若是能培養這個基本特質，或許其他特質就會自然發展出來。

如果你不是那種讓人感覺舒服的人，建議你必須好好研究自己的個性，想辦法減少意識及無意識裡可能的緊張。你是否假設別人不喜歡你是他們的錯？你不妨反過來想，或許問題出在你身上，且決心要找出原因並解決它。

這麼做需要非常誠實，而且需要性格專家的協助。你性格中讓人「又刺又癢」的成分，可能已經存在很多年了，或許它們被認為很有攻擊性，或許它們是你年輕時的態度發展出來的。不論它們的成因為何，都可以透過科學地研究自己的個性，以及透過你對需要改變的認知，經由性格復原的過程而消除。

看見他人的優點

有位男士因為人際關係問題而前來我教會的診所求助。他大約三十五歲，是那種你絕對會多看兩眼的人，長得非常勻稱，令人印象深刻。光從表面上看，你可能會驚訝這個人竟然不受歡迎。然而，他不斷強調許多不快樂且持續的環境及例子，說明自己的人際關係有多麼悽慘與失敗。

「我已經盡力了。」他解釋道：「我已經嘗試所有與人相處的方法，但是一點用都沒有。大家就是不喜歡我，而且我也感覺得到。」

跟他談過後，我馬上了解問題在哪裡。他說話時經常挑剔，而且滿明顯的。他有個不太好的習慣，愛把嘴唇噘起來，看起來很嚴肅，或是在責難別人，好像覺得自己比別人優秀，看不起人家。事實上，他明顯表現出高人一等的模樣，而且他個性很嚴謹，沒有彈性。

「是否有什麼方法可以改變我，好讓別人喜歡我？」他要求道：「是否有什麼方法，讓我不再無意識地激怒別人？」

這位年輕人太自我中心，也太任性了。他最喜歡的人，就是他自己，他的每句話，每個態度，都無意識地以自己的角度來衡量別人的反應。我們必須教導他如何愛別人及忘掉自己，當然這必須徹底翻轉他過去的習慣，而這對於解決他的問題是非常重要的。

我發現，這位年輕人與其他人相處時很容易動怒，然後會用自己的角度去批評別人，雖然表面上雙方沒有衝突。他的內心希望每個人都聽他的，而其他人無意識地了解這點，或許不認為是什麼了不起的問題，但會自然地與他保持距離。

這位年輕人覺得人際關係不好，讓他很不快樂，根據這點就可以知道，他是個不太溫暖的人。他很有禮貌，努力不讓自己表現出粗鄙或讓人討厭的模樣，但其他人還是無意識地感覺到他的冷淡而斷然拒絕他，這也是他抱怨的地方。其他人拒絕他的原因，是他的內心已經先「拒絕了其他人」。他太喜歡自己，透過不喜歡別人來建立自尊；他是自戀的受害者，而改變的方法就是學習愛別人。

當我指出他的問題時，他感到非常迷惑，不知所措。但是他很真誠，也把我的建議當一回事。他練習我建議的技巧，發展愛人的能力，而不只是愛自己。這需要相當程度地改變原來的自我，才有可能做到，但是他成功了。

我建議的其中一個方法，就是要他在每晚睡前列出白天遇到的所有人之名單，例如公車司機或送報生。他必須在心裡想像名單上的每個人，想像他們的臉孔在自己眼前，友善地思考對方的優點，然後逐一為他們禱告，為自己的小世界禱告。每個人都有屬於自己的小世界，裡頭包括與我們一起工作的人，或是與這些人相關的其他人。

舉例來說，這位年輕人每天早上除了家人外，第一個見到的人是住家大樓的電梯員。過去，他除了含含糊糊或咆哮式地說過早安，從來不曾跟對方談些什麼。現在，他花了一點時間與對方閒聊，問問他的家庭成員及嗜好。他發現，電梯員的某些觀點及經驗相當有意思。因為發掘到這位過去被他視為機器人、只負責操作電梯上下至其他樓層的人之新價值，讓他開始喜歡這位電梯員。

而過去對這位年輕人有著偏執看法的電梯員，也開始調整了自己的看法，他們建立起友善的關係。從此，他與一個又一個人建立起這樣的關係。

有一天，這位年輕人告訴我說：「我發現這個世界充滿了有趣的人，這是我過去所不知道的。」

他在觀察後，證明過去的他失去了自我，而一旦他做了之前的練習，就會如《聖經》智慧話語告訴我們的，他會找到自己。他在失去自我的過程中發現了自己，同時也得到許多新朋友。每個人都可以學著跟他一樣。

在這位年輕人的復原過程中，學習如何為人們禱告是非常重要的。當你為每個人禱告，就會修正自己對對方的態度，進而將彼此的關係提升到更高的層次。其他人會以最好的一面來面對你，正如你會用最好的一面來面對他。當雙方以最好的一面相遇時，就能建立起彼此間更進一步的理解。

基本上，**讓別人喜歡你的另一面，就是你必須喜歡對方**。在絕大多數人心中，在美國最受歡迎的人，就是已故的威爾・羅傑斯（Will Rogers）。他曾說過一句最具代表性的話：「我從來沒遇過我不喜歡的人。」這句話或許有點誇大，但我相信威爾・羅傑斯不這麼認為。這是他對人們的感覺，因此讓人們願意向他敞開心胸，就像花朵遇到了陽光。

有時，我們會提出薄弱的理由，認為有些人就是很難讓人喜歡。當然，有些人天生就是比其他人更容易讓人喜歡，然而，有個必須知道的重點是，每個人的內在都可能顯現出令人欽佩，甚至讓人喜愛的本質。

有位男士一直有個難以克服的問題，就是他很容易對人發脾氣。他特別不喜歡某些人，因為他們總是惹他生氣，然而他對付這種情緒的方法，只是簡單地將每個惹惱他的人的優點盡可能寫下來。他每天都為這份名單增添內容。他很驚訝地發現，原來他不喜歡的人，都有不少吸引人的地方。當然，當他發現這些人的長處時，同樣的，這些人也發現了他令人喜愛的新特質。

如果你的生命正遇到這樣的難題，不知該如何建立令人滿意的人際關係，不要假設自己無法改變，你需要採取明確的步驟來解決。你可以改變，成為受歡迎的人，受人喜愛且令人尊敬，只要你願意努力。讓我提醒你，正如我提醒自己，絕大多數人最大的悲劇，就是窮盡一生去修正自己的錯誤。我們發展出一個錯誤，然後照顧它，栽培它，就像一根針掉在留聲機上唱片的凹槽時，唱片會一再跳針，重複同樣的旋律。你必須把針從凹槽拿出來，不和諧的聲音才會消失，取而代之的是和諧的旋律。**別花太多時間修正人際關係的錯誤，利用閒暇改善你的親切感，**因為人際關係對成功人士至為重要。

提高他人的自尊心

另外，**還有個讓人喜歡你的重要因素，就是練習增強其他人的自我。**自我是構成每個人個性的要素，對我們來說是很神聖的。每個人都有一個很正常的欲望，那就是感覺自己很重要。如果我貶低你的自我並妄自尊大，雖然你可能會一笑置之，但我還是深深傷害了你。事實上，當我表現出不尊重你的態度時，儘管你可能表現得寬宏大量，但除非你的心靈發展十分健全，否則你肯定不會喜歡我。

另一方面，如果我提高你的自尊，促進你的自我價值感，也是在展現對你的自我的高度尊重。我幫助你表現出最好的自我，因此你會欣賞我所做的一切。你對我心存感激，並會為此而喜歡我。

我們絕不能低估嚴厲批評或輕蔑態度所帶來的影響，這對別人來說非常不友善，而自我經常是以這種方式被貶抑。

當你在一群人裡，如果有人說了笑話，除了你之外，其他人都開心地笑了。等笑聲漸漸結束時，你自以為是地說：「這個笑話滿好笑的，我上個月在雜誌上看過。」

當然，這麼做會讓你自我感覺良好，讓其他人知道你有高人一等的常識，但是你會讓說笑話的人有何感想？你搶走他說出好故事的滿足感，剝奪了他占據聚光燈的時刻，讓大家把注意力轉向你。事實上，你奪走了讓他的船得以航行的風，讓他既洩氣又沮喪。他很享受屬於自己的那一刻小榮耀，你卻把他搶走了。在那群人裡，沒有人像你這麼做，也沒人像你一樣毀了那個故事。不論你喜不喜歡那個故事，就讓說故事的人和其他人享受一下。記住，他可能會有點尷尬，覺得不好意思。對他比較好的作法，就是接受大家的反應。不要貶抑別人，要建立他們的信心，他們會因此而喜歡你。

當我正在撰寫這章時，拜訪了一位親近的老友，即曾任第一屆俄亥俄衛斯理大學校長的約翰．W．霍夫曼（John W. Hoffman）博士。許多年前，我即將畢業的前一天晚上，我們在兄弟會館舉辦一場宴會，那時他是校長，發表了一席談話，晚餐後，他問我要不要到校長宿舍。

那是有著美麗月色的六月夜晚，我們一路往山丘上走，他告訴我關於生命及其機會的事，還說等我踏入校園以外的世界，會有多麼驚人的事等待著我。當我們站在他家前面，他把手放在我的肩上，說：「諾曼，我一直很喜歡你，我相信你，你有很多可能性，我將永遠以你為傲，你絕對做得到。」當然他是過獎了，但是這麼說，總比貶抑一個人要好得多。

我內心充滿興奮，情緒高漲到了極點，我在淚眼迷濛中忍住沒哭出來，向他道了晚安。從那之後的這些年來，我從來沒忘記他說了什麼。

我發現他對許多男孩及女孩都說過同樣的話，直到他們長大成了男人及女人，還是很愛他，因為他尊重這些人的個性，幫助他們建立了自我。這些年來，他會寫信給我及其他畢業生，談一些過去我們做的小事，並表達對這些事的肯定。我想，他對於自己接觸過的上千名年輕人所投注的感情與心力，都成為他們未來人生的重要指引。

你所幫助的人會變得更好、更強壯且更優秀，這會讓你產生不斷付出的動力。盡可能幫助別人，無私地這麼做。這麼做的目，是因為你喜歡他們，而且看到了他們的可能性。這麼做，你將永遠不缺朋友，他們永遠會想到你。幫助人們，真心地愛他們，對他們好一點，他們的自尊與感情將會流向你。

向上思考力

增加他人自尊心的實用原則

讓別人喜歡你的基本原則，並不需要太費時費力，這些都是很簡單的原則，其中的道理也很淺顯易懂。不過，我還是列了十項如何增加他人自尊心的實用原則。練習這些原則，直到你能運用自如。

1. 學習記住別人的名字，一個人的名字對他來說非常重要。欠缺這一點，便代表你可能不夠友善。
2. 做一個讓人感覺舒服的人，跟你在一起不會有壓力，就像老鞋子、老帽子一樣，讓人感到賓至如歸。
3. 擁有放鬆且容易相處的個性，任何事情都不會讓你煩心。
4. 不要過於自負。盡量克制自己，別讓他人對你有這種感覺。自然且正常地表現出謙卑的態度。

5. 培養引人感興趣的個性，如此別人會想與你在一起，並從與你相處的過程中得到鼓勵。
6. 研究自己個性中讓人「又刺又癢」的因素，即使是無意識表現出來的。
7. 根據基督教義的基礎，真誠而努力地改變過去及現在的你對所有事情的誤解。拋棄一切的怨恨。
8. 練習喜歡別人，直到你能自然而然地這麼做。記住威爾・羅傑說的：「我從來沒遇過我不喜歡的人。」試著做做看。
9. 不要錯過任何向他人道賀，或向他人的哀痛或失望致哀的機會。
10. 擁有深刻的心靈經驗，這麼一來，你就可以幫助別人，讓他們更強壯，同時更有效率地面對人生。為別人的生命增添力量，他們一定會喜歡你。

11 治療心痛的處方

請給我治療心痛的處方——這個既奇怪又有點可憐的要求，來自於一位抱怨自己情緒失調的人。醫師認為他的問題不在於生理，而在於無法控制油然而生的悲傷。他因「性格上的疼痛」而感到悲傷。

他持續不斷地重複詢問：「是否有任何心靈的處方，可以減輕持續不斷的痛苦？我知道每個人都會悲傷，我必須跟其他人一樣有能力面對。我已經盡力了，但還是無法得到平靜。」他以既哀傷又緩慢的笑容說：「請給我治療心痛的處方。」

確實有種治療心痛的「處方」，這個處方的其中一個元素，就是體力勞動，受苦的人必須避免久坐不動。對於毫無建設性的久坐，**體力勞動是個實用的方法，可以取代因為反省與思索而產生的精神痛苦**。肌肉活動時，使用的是大腦的另一個區塊，可以轉化壓力，讓精神得到緩解。

有位鄉下律師深諳此哲學，且充滿智慧，他認為，治療哀傷女性破碎心靈的最佳處方，就是「拿把刷子，跪下來開始刷地」；至於對哀傷的男性而言，他聲稱最好的處方是「拿把斧頭去砍木頭，直到體力耗盡」。這雖不保證可以消除心痛，但至少可以減輕痛苦。

不論你有什麼樣的心痛，解決的第一步，就是逃離周圍任何製造失敗的狀態，雖然這麼做很難，但絕對可以重拾原來的日子，返回日常生活的軌道，與老友重拾友誼，建立新的朋友關係。讓自己拚命走路、騎車、游泳、玩耍，促進全身血液循環；讓自己沉迷於某些值得的計畫；從事能夠紓解壓力的工作，但必須確定這些工作是值得且具建設性的。透過狂熱活動產生的淺薄幻想，像是派對及酗酒，只能讓痛苦短暫消失，無法解決問題。

適度表達哀傷

有個絕佳且能正常消除心痛的方法，就是讓哀傷流洩而出。近來有個愚蠢的觀點指出，人不該流露哀傷的情緒，也就是說，一個人不該透過生理自然產生的眼淚或抽噎，以適度的哭泣來表達感受。當痛苦或哀傷來臨時，哭泣是很自然的，這是全能的上天提供給身體的舒緩機制，我們當然應該使用。

壓抑哀傷、扼止哀傷、封存哀傷，都是沒有善用上天所提供的、那些可減少哀傷所帶來的壓力之方法。就像人體的其他功能及神經系統，**哀傷可以被控制，但不該被全盤否定。**不論男或女，好好哭一場都可以舒緩心痛，但我必須警告你，這個機制不能過度使用或成為習慣，否則若是出現異常的哀痛，可能會造成精神錯亂。毫無限制的哀傷是不被允許的。

我收到許多失去所愛的人的來信，他們說自己無法重回與對方常去的地方，或是與他們共同認識的夫妻或家庭聚會，他們避免回到老地方或接觸老朋友。

我認為這是嚴重的錯誤。**治療心痛的祕訣，就是盡可能過得正常且自然。**這不表示你不忠實或不在乎，這是避免異常哀傷的重要方法。

正常的哀傷是一個自然的過程，它的正常在於證明一個人跟過去一樣，具有返回個人日常事務與責任的能力。

當然，更深層治癒心痛的療法，就是相信上天。治療心痛的基本處方，就是把心態調整到回歸上天的信仰，將心思全部淨空並交託給祂。持續將心靈淨空，一定可以治好破碎的心。這個世代因心痛而嚐到的苦果，比過去任何世代都要多，也更需要從聰明人身上重新學習，除了上天仁慈的恩典外，沒有任何人可讓我們免於痛苦。

這個時代最偉大的心靈之一——勞倫斯弟兄（Brother Lawrence）說：「如果我們此生想知道天堂的寧靜是什麼景象，就必須學習如何熟悉、謙卑、忠實地與主同在。」這不是教你在沒有神的協助下，獨自扛起憂傷的重擔與心靈的痛苦，而是這些重擔與痛苦並非任何人可以獨自承受的。最簡單而有效治癒心痛的處方，就是練習與上天同在，這將撫平你的心痛，讓你的創傷永遠痊癒。任何經歷重大創傷的人都告訴過我，這個處方是多麼有效。

正確的生死觀

在這個治療心痛的處方中，另一個極具治療效果的要素，就是獲取正確而滿足的生死觀及永生哲學。當我了解「永生」這個不可撼動的信仰後，一切生命都顯得微不足道。此生與來生是同一回事，時間與永恆是無法分割的，這是一個通行無阻的宇宙；於是，我發現了這輩子最令人滿意，也最具說服力的哲學。

這些令人確信的哲學來自於堅實的基礎，而我相信《聖經》能為許多偉大的問題帶來細微且科學的洞見，而這些洞見終將被證實。「我們離開世界時，會發生什麼事？」《聖經》以明智的角度告訴我們，只要透過信仰就能了解這些真理。哲學家亨利・伯格森（Henry Bergson）說，最能夠確認事實的方法，就是經由知覺、一定程度的推論，以及對真理的直覺。當你「知道」時，就會經歷某些美好的時刻，我就有過這種經歷。

我絕對、全然、徹底地相信我寫的事實，即使是最細微的地方，我也毫無疑問地相信。我是慢慢地擁有了如此正向的信心，並非一蹴可幾的。

當你所愛的人死亡，或與對方分隔兩地時，這個哲學並不保證能讓你免除哀傷，但可以消除悲傷的感受。它將讓你對這種無可避免的環境，充滿深刻的理解，並帶給你絕對的保證，讓你了解自己並未失去所愛。根據這樣的信仰而生活，你將會感到平靜，不再心痛。

請將這段來自《聖經》最奇妙的話記在心裡：「神為愛他的人所預備的，是眼睛未曾看見，耳朵未曾聽見，人心也未曾想到的。」（哥林多前書2:9）

這表示你從來沒見過。無論過去你見過多麼美好的事物，你絕對沒見過上天為愛祂的人及信仰祂的人，所準備的無與倫比的事物。除此以外，你也從來沒聽過上天為跟隨祂的教誨、根據祂的聖靈而活的人，帶來如此令人驚訝的奇蹟。上天將帶給你的，不只是你沒見過或聽過的，甚至是你想像不到的。這段話承諾了：只要全心活在上天裡的人，將得到安慰與永生，並將重返天家與上天同聚，得到一切美好的事物。

在讀了《聖經》多年，並與不同階層建立親近關係後，我希望明確指出，《聖經》的承諾確實無誤。它適用於這個世界，只要真正實踐活得像基督一樣的人生，就會發生最不可思議的事。

這個道理也與目前存在於另一個世界、早我們一步跨越一般稱為「死亡藩籬」的人有關。我必須為自己使用「藩籬」（barrier）這個字眼而表示歉意。我們總認為，死亡是一種具隔絕性質的藩籬。

如今，科學家正在努力研究靈學、超感應力等領域，對預測未來、心電感應、透視力等進行實驗（這些在過去都被視為古怪的事，如今卻在實驗室裡以正確的、科學的方法進行研究），它們顯示靈魂存在於時間與空間之間的藩籬。實際上，我們此刻正處於史上最偉大的科學發現的邊緣，在實驗的基礎上，證明了靈魂的存在及永生。

這些年來累積的一連串小事，讓我接受它們的正確性，也支持這種看法，那就是「我們活在一個動態、只有生而沒有死的宇宙」，這是基本原則。我對有下列經驗的人很有信心，也被他們說服，那就是「某個世界會透過靈魂的融合，與我們的世界產生撞擊或纏繞，這兩個存在於死亡兩端的世界是不可分割的」。根據我們對死亡的理解，另一個世界的生命是經過修正的。毫無疑問的是，那些曾跨越到另一端，停留在比我們更高一層媒介的人及其認知，絕對比我們要寬廣，更何況所有事實均指出，我們愛過的、已死去的人依然存在，更進一步地說，事實上，他們離我們並不遠。還有個同樣真實的事實顯示，我們會再度與他們相聚。所以此時，我們必須持續與住在屬靈世界的人保持關係。

美國最偉大的學者之一威廉•詹姆士，在窮盡一生研究後表示，他很滿意大腦只是靈魂存在的中介，因此人類的心智終將與大腦互換，好讓人能觸及理解力尚未開發的地帶。當我們靈性存在的世界逐漸擴大，同時隨著年齡的增長及經驗的拓展，會對周遭浩瀚的世界變得愈來愈有知覺，因此當我們死去時，只是進入一個更寬大的空間罷了。

歐里庇得斯（Euripides）是古希臘時代最偉大的思想家，他認為來生絕對非常重要。蘇格拉底也有同樣的看法，他提過一個鼓舞人心的觀念：「沒有任何不幸，會同時降臨在一個好人的此生與來生。」

死亡的兩端

當電風扇靜止時，我們無法看穿它的葉片。但葉片在高速轉動時是透明的，可以一眼看穿。在死去的摯愛居住的高頻世界裡，宇宙無法穿透的本質可能會打開縫隙，讓人進入其神祕的領域。生命中有許多深沉的時刻，讓我們絕對可能或至少在某種程度上，進入一個更高頻的世界。英國文學中最美麗的詩句之一，就是羅柏特・英格索（Robert Ingersoll）關於死亡的描述：「在死亡的夜晚，希望看到了一顆星，而愛聽到了風細碎的聲音。」

知名神經學家告訴我們，人類並沒有站在死亡的門口。有位瀕死之人抬頭看著坐在床邊的醫師，開始依序說出一連串人名，並要求他記錄下來。醫師對這些名字毫無所悉，便問病人的女兒說：「這些人是誰？你父親唸著他們的名字，好像看到他們。」

「他們都是我們的親戚。」她說：「而且已經過世很久了。」

這位醫師說，他相信病人真的看到這些人。

我的朋友威廉・賽吉（William Sage）夫婦住在紐澤西州，我經常到他們家。賽吉先生（通常太太都叫他「威爾」）先過世了。幾年後，賽吉太太臨死前躺在病榻上，突然露出驚訝的表情並笑道：「是威爾！」她在床上看到的那個人，毫無疑問就是威爾。

知名廣播人亞瑟・高菲（Arthur Godfrey）提過他在第一次大戰期間睡在驅逐艦的臥舖時，父親突然出現在面前，伸出手對他笑著說：「再見了，兒子。」然後高菲回答：「再見了，爸。」後來他醒過來，收到一封通知他父親過世的電報，而那時就是高菲在睡夢中「看到」父親的時候。

瑪麗・瑪格麗特・麥克布萊德（Mary Margaret McBride）也是位知名廣播人，她和母親一直很親近，當她母親去世時，哀傷的情緒如排山倒海般湧來。有天晚上，瑪麗醒過來坐在床邊，突然有種感覺，用她的話來說，就是「媽媽在我身邊」。雖然她看不到母親，也聽不到她的聲音，但那一刻起，「我知道媽媽沒有死，她一直在我身邊」。

已故的魯菲斯・瓊斯（Rufus Jones）是這個世代最知名的心靈導師之一，兒子洛威是他的心肝寶貝，卻在十二歲那年便過世了。洛威生病時，瓊斯博士正在前往歐洲的途中。在尚未抵達利物浦的某天晚上，瓊斯躺在床上，感到某種難以形容、也無法解釋的哀傷。他說，他覺得自己好像被上天的雙手包圍起來，感受到極度的平靜及深刻的擁有感，就像兒子來找他似的。

當他抵達利物浦時，被告知兒子已經去世，而去世的時間正好是瓊斯博士感受到上天的存在，以及他最靠近兒子的時間。

幻覺、夢境、幻影，我不認為是如此，我花了許多年與那些來到「某些事物」邊緣，看到另一端有著無以名之的美景、亮光及平靜的人們談過，我毫不懷疑他們的說法。

《新約》講授了無法毀壞的生命中，最有趣也最單純的態度。《新約》描述耶穌被釘在十字架後曾數度現身，數度消失，然後又再度出現。有人看到了祂，然後祂消失在他們面前，接著又有其他人見到祂，祂又再度消失。這就像是「你看到我，然後你又看不到我」。這裡所指的是，耶穌試著告訴我們，當我們看不到祂時，不代表祂不在身邊。看不到，並不表示不存在，有時候，某些神祕經驗的出現，代表著相同的事實，那就是祂在我們身邊。祂說過：「因為我活著，你們也要活著。」（約翰福音14:19）換句話說，在這樣的信仰裡，死去的所愛之人也仍然在我們身邊，有時還會來安慰我們。

有個在韓國服役的男孩寫信給母親說：「發生了一件怪事。有天晚上我感到很害怕時，爸爸似乎就在我身邊。」他父親已經去世十年了。這個男孩渴望地問母親：「你覺得爸爸真的跟我一起在韓國的戰場上嗎？」母親的回答是：「有可能啊！」身為科學世代公民的我們，怎麼能不相信這可能是真的？

許多證據均一再指出，我們活在一個負載過多神祕、帶電、電子、原子力量的動態宇宙中，而我們還無法完全理解其中的奧妙。這宇宙是個偉大的靈，它活生生又充滿活力地圍繞著我們。

艾伯特・克里夫（ALbert E. Cliff）是加拿大知名作家，他曾提過父親的死亡過程。他父親在垂死之際陷入昏迷，大家都以為他死了。然後有一瞬間，他再度甦醒過來，抖動著眼皮，睜開眼睛，牆上有一幅古老的諺語寫著：「我知道我的救主活著。」這位垂死的人說：「我確實知道我的救主活著，因為他們正環繞著我，母親、父親及兄弟姊妹。」這些人早已離開人世，但顯然他看到他們了。誰能反駁？

已故的湯瑪斯・A・愛迪生（Thomas A. Edison）夫人告訴我，當她知名的丈夫瀕死時，曾向醫師耳語說：「那裡好美。」愛迪生是世界上最偉大的科學家，終其一生都在處理異常現象。他有實事求是的精神，在他確認事實之前，絕不會對外張揚。除非他真的親眼看到，知道那是真的，否則他絕對不會說：「那裡好美。」

我的朋友傑佛瑞・歐哈拉（Geoffrey OHara）是位知名作詞家，寫過第一次大戰時的暢銷歌〈凱帝〉、〈那裡沒有死亡〉、〈給他一匹可以騎的馬〉等歌曲。他提過，大戰時有位上校領導的隊伍被血腥地打敗了，那位上校在濠溝上下走動時，感覺得到死去弟兄的手，感應得到他們的存在。他對傑佛瑞說：「我告訴你，那裡沒有死亡。」傑佛瑞寫下生平最偉大的一首歌，就是〈那裡沒有死亡〉。

我對這些既深刻又脆弱的事，沒有任何懷疑，我堅信，在我們認為的死亡之後，仍有持續的生命。**我相信，我們已知的死亡有兩端，一端是我們現存的生命，一端是我們將持續存在的生命**，而我認為這樣的改變，是為了讓我們更好。

我母親有著偉大的心靈，她對我的影響很大。她很健談，心思敏銳又機靈。身為基督徒領袖的她，為了傳教而走遍各地，也很享受四處與人交往的愉悅，生命非常豐富。她很有幽默感，是很好的伴侶，我很喜歡與她作伴，大家都認為她的個性既迷人，又很會激勵人。

在我成年以後，只要有機會都會回去看她，我經常出席家族聚會，每個人圍著餐桌坐下來聊個不停，令人感到愉悅。後來她過世了，我們將遺體放進南俄亥俄州周林區堡（Lynchburg）一個美麗的小墳墓，她在那裡度過了童年。那天我們離開時，我感到很悲傷，心情很沉重，我們把她帶到這個最後安歇的地點時，正是豐美的夏日。

然後，秋天來了，我很想再次與她相聚，因此我決定去林區堡看她。整個晚上，我坐在車廂裡，悲傷地想起過去歡樂的日子已經不再，所有事都改變了，一切再也不同。

我來到那座小鎮。當我走到墓園時，氣溫有點低，天色灰濛濛的。我推開墓園老舊的鐵門，往她的墓碑走去，腳下的樹葉沙沙作響。我一個人哀傷地坐下來。突然間，天上的雲打開了，陽光從雲層縫隙中露出臉來，照亮了山丘，讓它蒙上秋天的色彩。我還是小男孩時，就是在那裡長大的，我一直很愛那個山丘，我母親還是小女孩時，也都在那裡玩。

突然間，我彷彿聽見母親的聲音。我不是真的聽到她的聲音，但又似乎聽到了。我很確定那個聲音是從耳裡傳來的，訊息既清楚又明確，有著她過去慈愛的語調。她是這麼說的：「為什麼在死人中找活人呢？我不在這裡。你以為我會留在這個黑暗沉悶的地方嗎？我永遠都會與你及我愛的人同在。」內心突然湧現的亮光，讓我欣喜不已，我知道我聽到的是真的，我所得到的訊息是真的。我可以放聲大叫，但我只是站起來，把手放在墓碑上，看著它，那裡躺著只是一個有限的軀體。當然，我母親的遺體還在那裡，但那只是軀殼罷了，她再也不需要它了，因為有著燦爛可人靈魂的她，已經不在那裡了。

我走出墓園，沒多久又走回去，因為我想回去那裡，回憶母親與我的年輕歲月，但過沒多久，那裡變得灰濛濛的，好像象徵的她已經不在了。但我知道，她永遠與我及她所愛的人同在，「為什麼在死人中找活人呢？」（路加福音24:5）

閱讀並相信《聖經》中有關上天的仁慈及靈魂的不朽，虔誠且滿懷信心地禱告，讓禱告與信心成為生命的習慣，並學習與上天及耶穌基督成為真正的夥伴。只要這麼做，你將發現內心充滿深度的確定感，而這些奇妙的事物都是真的。

「若是沒有，我就早已告訴你們了。」（約翰福音14：2）你可以完全依靠耶穌基督。除非這些是事實，否則祂不會讓你相信與深信這些本質神聖的事物。

所以，在如此正確、堅實、理性的生命與永恆的信仰之中，你有了治療心痛的處方。

向上思考力

撫平心痛的實用守則

1. 解決的第一步，就是逃離周圍任何製造失敗的狀態。讓自己拚命走路、騎車、游泳、玩耍，促進全身血液循環。讓自己沉迷於某些值得的計畫。讓每天充滿各種創意活動，尤其是體力活動。
2. 不論是男人或女人，好好哭一場都可以舒緩心痛。但這個機制不能過度使用，或是成為習慣。
3. 盡可能過得正常且自然，是避免異常哀傷的重要方法。
4. 獲取正確而滿足的生死觀及永生哲學，了解到「此生與來生是同一回事，時間與永恆是無法分割的」，並堅信「在我們認為的死亡之後，仍有持續的生命」。
5. 閱讀並相信《聖經》中有關上天的仁慈及靈魂的不朽。

註解

1. 「barrier」也有「障礙」的意思。

Part 2

與高層力量連結的向上幸福法則

12 心靈平靜的強大力量

我們三個人在旅館附設的餐廳吃早餐，談起昨晚睡得如何，這是很適合這個場合的話題。有人抱怨一整夜翻來覆去，都沒有睡好，起床時跟上床前一樣累。「或許我最好別在睡前聽新聞。昨晚聽了廣播，聽得我滿腦子好煩。」他說。

「聽得我滿腦子好煩。」這句話說得真好，難怪他整夜難眠。他想了想又說：「這也許跟我睡前喝咖啡有關。」

另一人說：「我睡得很好。我看了晚報，聽了廣播，睡前把新聞回顧一下。」他繼續說：「當然，我也做了睡前準備工作，從來都沒有失敗過。」

我請他說明睡前準備工作的程序。

他解釋道：「小時候，我家裡有個習慣，父親會在睡前叫全家人到客廳集合，然後讀《聖經》給我們聽，我到現在都還記憶猶新。其實，我每次聽到《聖經》的話，就覺得像聽到父親朗讀的聲音。禱告之後，我回房就睡得很熟。我離家後，這個睡前讀經和禱告的習慣就沒了。」

「我必須承認，過去很多年，我幾乎只有遇到困難時才會禱告。幾個月前，我和妻子遇到一些困難，決定試著禱告看看，發現很有幫助。現在，我們每晚睡前都會一起讀《聖經》，然後禱告。我不知道這是否跟禱告有關，但從此我睡得很好，事情也順利多了。即使像現在這樣出門在外，我還是會讀經禱告。」

他轉向那個睡不好的人，說：「我不是滿腦子很煩地上床，而是心情平靜地入睡。」

這是兩句饒有深義的話——「滿腦子很煩」和「心情平靜」，你要選哪一句？

這個祕密的重點，在於改變心理狀態，你必須學著用不同的思考模式生活。雖然改變思考模式得花點工夫，但相對於繼續目前的生活，算是簡單的了。生活在壓力之下太辛苦了，輕鬆和諧、心靈平靜的生活，才是最輕省的生活形態。**想獲得心靈平靜，必須用心將思考模式改造為輕鬆開放的態度**，接受上天帶來的平靜。

有位醫師說：「我的病人中，**許多人只是想法有病，身體根本就沒病**。我很喜歡開的處方就是《聖經》的『羅馬書第十二章第二節』。我不寫出那句話，要他們去查。那句話是：『只要心意更新而變化……』想活得更健康快樂，需要更新心靈，也就是改變思考模式。他們『服用』了這個處方，真的獲得了心靈的平靜，也得到了健康與幸福。」

時常淨化心靈

獲得心靈的平靜有個基本方法，就是練習把心靈清空。時常淨化心靈是很重要的。我建議每天至少要淨化心靈兩次，視情況需要可以多做幾次，確實做到把恐懼、怨恨、不安、懊惱和罪惡等，從心裡清除乾淨。只要有意識地淨化心靈，就能夠減輕憂慮。你有沒有這樣的經驗？當你對某個信任的人傾吐煩惱後，就會感受到前所未有的解脫。身為牧師，我經常可以觀察到，向信賴的人說出內心的苦惱，對人們來說有多麼重要。

不久前，我在開往檀香山的豪華郵輪 S. S. Lurline 號上，主持一場宗教禮拜。我在講道時，建議有煩惱的人走到船尾，想像把憂慮的事從心裡掏出來，丟到船外，看著它消失在航行過的水波裡。

這個建議看起來好像很幼稚，但事後有人跟我說：「我按照你的建議做了，它帶來的解脫感讓我很驚訝。」他說：「在這次航行中，每天傍晚太陽下山時，我要把所有煩惱都丟到船外，直到養成把它們全部拋出意識的習慣。每一天，我看著它們在時間之海裡消失。《聖經》裡不是有『忘記背後』1的說法嗎？」

這個被我說服的人，並非不切實際或多愁善感；相反地，他有著卓越的心智狀態，更是專業領域的佼佼者。

當然，只把心思清空是不夠的。一旦清空了思慮，還會有其他想法跑進去。心智不能長期處於真空狀態，你不能永遠帶著空洞的腦袋過日子。我知道有些人有這種絕技，但一般而言，還是要再度填滿空虛的心靈，否則，那些已經被拋棄的，陳舊、不快樂的念頭，又會偷偷跑回來。

要預防這點，必須立刻讓心靈充滿具創造力及健康的念頭。當過去困擾你已久的恐懼、怨恨和憂慮想再度回來時，會在心靈之門上看到「空位已滿」的告示。它們曾待在心裡那麼久，所以會很努力地想跑回來，但你所引進的新而健康的思想是如此堅定有力，足以擊退它們，讓那些舊念頭很快就認輸，不再打擾你，而你將永遠享有充滿平靜的心靈。

在一天中，請每隔一段時間，就想想仔細揀選的平靜念頭，讓過去見過的平和景象之心靈圖像流過心底。例如：某個傍晚時分寂靜的美麗山谷，太陽正要下山，陰影逐漸拉長；或是回想銀色月光照在漣漪蕩漾的水面；或者回憶海水輕輕沖刷柔軟的沙岸。**這些平靜的意象對心靈具有療癒的效果。**

不斷練習說出暗示性字眼，也就是：**發出聲音，重複說出有安詳及平靜意義的言語。**言語有很大的暗示力，只要發出聲音說出來，就會有療癒的效果。說出一連串含有驚慌意味的字眼，就會立刻感到輕度的焦慮，你可能會覺得心情低落，以至於影響全身機能的運作。反之，如果你說一些平和安靜的詞彙，精神也會以平靜的狀態來回應。請說出像「寧靜」

（tranquility）這樣的字眼，慢慢地重複說幾遍。寧靜是語文中最優美又動聽的詞彙之一，只要一說出來，就會帶來寧定安靜的狀態。

另一個具有療癒作用的詞彙，就是「平靜」（serenity）。你一邊慢慢地重複說出這個詞，一邊在心裡將它圖像化。用這種方法說出這類詞彙，極具療癒效果。

用詩句或《聖經》的話也很有用。我認識的一個人，其內心平靜的程度超越了一般人，他習慣把獨特且代表平和的句子寫在卡片上，然後放在皮夾裡，經常拿出來讀，直到能夠背誦為止。

他說，這樣的觀念會進入潛意識，用平靜來「潤滑」心靈，平靜的觀念確實可讓思緒免於苦惱。他有一句引文來自十六世紀的神祕主義者：**「不要讓任何事打擾你，不要讓任何事嚇唬你。上天以外的一切都會消逝，有上天就足夠了。」**[2]

《聖經》裡的話具有強大的療效，把它們放進心裡，「溶解」到你的意識中，它們會散布具有療效的油膏，把全部的心智覆蓋住。這是獲得內心平靜最簡單也最有效的作法。

透過說話得到平靜

你也可以用其他有效的方法來發展平靜的心態。有種方法是透過「對話」，平常我們使用的詞彙和說話的聲調，可能會讓人產生不安、神經質或心煩意亂的感覺，但我們可經由說話，讓自己進入負向或正向思考的心態。所以，我們可以透過說話來得到平靜，平靜的說話可帶來平靜的心。

當一群人的對話漸漸變得混亂、令人不安時，試著帶入平和的想法。請注意觀察它如何抵消現場的焦躁張力——

例如：吃早餐時，如果大家的對話內容都是預期等一下會不開心，通常就會為這一天的心情定調，後面的情況便會依早上不快樂的情緒發展下去。消極負向的對話會對情勢產生負向影響，緊張不安的交談會強化內心的煩躁與焦慮。

相反地，只要用正向、平靜、滿足和快樂的態度展開每一天，每天都可以過得很愉快，事情也會發展得很順利，這是創造滿足狀態的最有效因素。如果你想擁有心靈的平靜，就要注意說話的方式。

對話中不能有負向想法，這點非常重要，因為它們會在內心製造緊張和煩惱。例如，當你和一群人吃午餐時，千萬別說：「這個國家快要垮了。」首先，這個國家不會垮，說這種話會引發其他人的憂慮，毫無疑問地，也會影響我們的消化。這種沮喪的說法會影響每個人的情緒，在離開時也會覺得有點苦惱——或許不嚴重，但一定有。一般而言，若要獲得心靈平靜，在個人及群體的對話中，必須多用正向、愉快、樂觀、滿足的字眼。

說話時使用的詞彙，對思想有直接而明確的影響。思想創造詞彙，因為詞彙是觀念的載具，但詞彙也會影響思想及心態——即使它無法決定心態。事實上，我們的想法往往源自於說話，因此若是在談話時審慎而節制，確保使用的是祥和平靜的字眼，就會產生祥和平靜的念頭，也會擁有祥和平靜的心靈。

每天至少十五分鐘完全靜默

另一個獲得心靈平靜的有效方法，就是每天練習靜默。每個人都該在二十四小時之內維持至少十五分鐘的完全靜默。

請你在獨自一人時，盡可能找個安靜的場所，坐下或躺下來十五分鐘，練習靜默的藝術。這之間不要跟任何人說話，不要寫字，不要讀書，想得愈少愈好，把心思放空，想像你的心已靜止不動。

剛開始，這並不容易做到，因為各種念頭會從心底冒出來，但經過練習後可增加效率。想像你的心是水面，看看自己能平靜到什麼程度，就像水面沒有任何漣漪。當你的心達到靜止狀態後，開始傾聽更深一層的和諧優美之聲，以及寂靜極致時才聽得見的上天的聲音。

可惜，美國人不善於傾聽靜默之聲。湯瑪斯・卡萊爾（Thomas Carlyle）[3]說：**「沉默**

是造就偉大事物的要素。」這一代美國人錯過了某些祖先熟知並形成其人格特質的事物——茂密森林或遼闊平原裡的寂靜。

或許我們缺乏內心的平靜，是因為噪音對現代人神經系統的影響。科學實驗證實，在工作、生活或睡眠場所的噪音，會明顯降低工作效率。與一般觀點相左的是，我們的生理、心理或神經機制是否能完全適應噪音，很值得懷疑。不管我們有多麼熟悉某種一再重複的聲音，潛意識也不可能聽而不聞，汽車的喇叭聲、飛機轟隆隆的聲響，以及其他尖銳刺耳的噪音，確實會在睡眠中引發生理活動。這些聲音經由神經傳導脈衝的刺激而引起肌肉動作，干擾人們所需要的休息。這個反應若嚴重到某種程度，就像是被電擊一樣。

相反地，寂靜具有療癒、撫慰、有益健康的作用。史塔・戴利（Starr Daily）[4]說：「就我所知，我所認識的人裡，不論男女，知道如何保持並實踐沉默的人，從來都沒有生過病。我還注意到，當我沒有用和緩輕鬆的措詞表達時，就會帶來苦惱。」史塔・戴利把靜默和精神療癒的效果緊密結合，實踐全然的靜默而得到的安定感，具有極大的療效。

回憶寧靜的風景

在現代生活節奏不斷加速的環境裡，實踐沉默絕不如祖先那個年代那麼容易。許多器具都會發出噪音，只是我們不曾察覺，而日常活動又是如此忙碌。在現代的世界，空間消逝了，人們也企圖毀滅時間。

一個人在森林散步，獨自坐在海邊，在山頂或海上行船的甲板上沉思，這麼做的可能性都非常低。不過，當我們確實有過這種體驗，便可以將寧靜的風景與當下的感受銘刻在心，並透過回憶一再體會，就好像自己仍在那裡。

事實上，當我們回憶時，常會除去真實中令人不悅的因素。回憶往往比真實來得美好，因為大腦傾向只複製記憶中美好的事物。

例如，當我在寫這些話時，正坐在全世界最美的旅館之一——夏威夷皇家飯店的陽臺，它座落於檀香山浪漫的威基基海灘。我望向一座花園，裡面有優美的棕櫚樹隨著微風擺動，空氣中散發著異國情調的花香，花園裡都是木槿——夏威夷各島有兩千多種不同的木槿。窗外有木瓜樹，結滿成熟的果實，燦爛的鳳凰木和紫礦樹為景色添增魅力，金合歡樹上掛滿了精緻的白色球花。

這些島嶼被美得難以置信、延伸到遙遠水平線的藍色海洋所包圍，洶湧的白浪沖上海灘，當地人和遊客優雅地衝浪，或划著有舷外支架的獨木舟，這樣的景觀美得讓人目眩神迷。

我坐在這裡，書寫有關平靜的心靈可以產生的力量，而這樣的景觀產生難以描述的療效，使得日常生活中永無休止的職責似乎已經遠去。

我在夏威夷要進行一系列演講，還要寫書，儘管如此，這裡滿溢的寧靜把我整個人包圍了。不過我知道，要等回到八千公里以外的紐約家時，才能慢慢回味現在注視美景時感受的奇妙與喜悅。它會深藏在記憶深處，像個私密的隱居處，在未來的忙碌日子裡，我的心可以在此歇息。就算已經遠離這有如田園詩般美好的地方，我可以回到記憶中，在一排棕櫚樹、被白浪沖刷的威基基海灘上，找到平靜。

盡可能在內心充滿平靜的經驗，有計畫地在記憶中回顧它們。你必須了解，得到平靜和緩的心情最簡單的方法，就是營造輕鬆悠閒的心態。你可以要求自己的心提供任何你想要的回應，但你必須記住，它只能給出曾經得到的東西。讓腦海裡充滿了平和的經驗、平和的詞彙及念頭，你終將擁有許多可引發平靜心情的經驗。你可以在那裡恢復精神，讓心靈復甦，那是你巨大力量的源頭。

我在朋友舒適可愛的家過了一夜之後，我們在風格獨具的特色餐廳吃早餐，牆上有著美麗的壁畫，是屋主成長鄉間的全景。畫中有起伏的山丘、和緩的山谷與淙淙小溪，澄淨的溪水映爍著陽光，潺潺地流過溪裡的石頭；蜿蜒的小路穿過草原。畫中點綴了幾座小屋，其中還有教堂及尖塔。

我們吃早餐時，屋主一邊指著畫裡的地方，一邊談到年少時的生活。他說：「我經常坐在這間餐廳，看畫裡的一個又一個地方，在記憶中重新體驗過去的日子。例如，我記得小時候赤腳走在小路上，記得趾縫裡夾著泥土的感覺；我也記得夏天午後常在那條溪中釣鱒魚，還有冬天時從山丘上滑下來。」

「那就是我小時候去的教堂。」他露齒而笑說：「我坐在教堂裡聽過很多冗長的講道，不過，我懷著感恩的心回憶那些善良的人們，以及他們對其他人的真誠。我可以坐在這裡，回想爸媽坐在教堂長椅聽到的聖歌。他們已經躺在教堂旁的墓園裡，不過在記憶中，我站在墳墓旁，聽到他們像過去那樣和我說話。我有時會感到倦怠、焦慮及神經緊張，但坐在這裡回憶年輕時快樂、無憂無慮的生活，對我很有幫助，能讓我的心情更平靜。」

或許你的餐廳牆上沒有這樣的壁畫，但你可以把它們掛在你心中的牆上：你生命中最美經驗的場景。花點時間回想這些場景所引起的念頭。不論你有多忙，擔負的責任有多重，這個簡單、獨特，已在許多案例中證明有效的作法，會對你產生效果。這是個容易、簡單就可獲得心靈平靜的方法。

真心原諒自己

關於內心的平靜，有個重要因素必須說明。

我經常發現，內心缺乏平靜的人，是自我懲罰機制的受害者。他們在生命裡某個時刻違反宗教道德上的罪，腦海中不斷縈繞著罪惡感，他們誠心祈求上天的寬恕。上天永遠會寬恕真心祈求的人，然而人類心理有種奇怪的習性，總是不願意原諒自己。

有個人覺得自己該受到處罰，因此不斷期待懲罰的到來。結果，每天生活在無止境的憂懼中，擔心將有不幸的事會發生。

在這樣的處境下，他為了尋找平靜，只得不斷增加工作量，因為他覺得這樣才能得到解脫，並減輕罪惡感。

曾有醫師告訴我，根據他的臨床經驗，有些神經衰弱的案例可歸咎於罪惡感，病人無意識地用忙碌的工作補償罪惡感。病人認為，神經衰弱是工作過度，與罪惡感無關，可是那位醫師說：「如果這些人從罪惡感中解脫出來，就不會因工作過度而神經衰弱。」

在這種情況下，若要消除罪惡感及其所引起的精神緊張，唯有接受基督的療癒，才能獲得內心的平靜。

我在度假旅館住了幾天，安靜地寫作時，遇到一位來自紐約、不算很熟的人。他是個強勢、衝勁十足，極度神經質的企業主管。

他坐在躺椅上曬太陽，並邀請我坐下來聊聊。

我說：「很高興看到你在這個風景優美的地方休息。」

他焦躁不安地說：「我不該在這裡的，我還有很多工作，壓力很大。我很沮喪，緊張得睡不著。我很神經質，但我妻子堅持要我來這裡休息一週。醫師說我什麼毛病都沒有，就是得想開一點，放輕鬆。可是，到底該怎麼做呢？」他很懷疑。

然後，他帶著哀怨的神情說：「為了得到心靈的祥和與寧靜，我願意付出任何代價。那是我在世上最想要的。」

我們談了一會兒，並從談話中得知，他總是擔心未來會發生不幸。多年來，他一直預期會發生可怕的事，長期處於憂鬱狀態，總是擔心妻子、子女或自己的家會「出事」。

這個案例並不難分析，他的不安全感有兩個來源——童年的不安全感，以及長大後的罪惡感。他的母親總覺得「快要出事了」，而他也感染到母親的焦慮。後來，他犯了某些宗教或道德上的罪，在潛意識中堅持必須懲罰自己，於是他成了自我懲罰機制的受害者。這種雙重的不安，讓目前的他處於高度焦躁的狀態。

談話結束後，我站在椅子旁一會兒。旁邊沒有別人，我有點遲疑地建議：「你願不願意讓我跟你一起禱告？」他點頭表示同意，我把手放在他肩上開始禱告：「親愛的耶穌，請祢完全寬恕他，幫助他原諒自己。讓他了解，祢不會怪他。使他遠離罪惡而得到自由，讓祢的平靜流進他的心、他的靈魂和他的身體。」

他抬起頭，用奇怪的神情看著我，然後別過頭。他眼眶裡充滿淚水，不想讓我看到。我們都有點尷尬，於是我走開了。

幾個月之後，我再度見到他，他說：「那天你為我禱告時，我感覺到某種變化，感受到一種寧靜安詳，以及療癒。」

現在他定期去教會，每天讀《聖經》，有了前進的動力。如今，他是個健康快樂的人，因為他有平靜而祥和的心。

向上思考力

如何擁有平靜的心靈？

1. 想獲得心靈平靜，必須用心將思考模式改造為輕鬆開放的態度，接受上天帶來的平靜。
2. 每天至少要淨化心靈兩次，確實做到把恐懼、怨恨、不安、懊惱和罪惡等，從心裡清除乾淨。把心思清空後，為了避免負向的念頭偷偷跑回來，必須立刻讓心靈充滿具有創造力及健康的念頭。
3. 在一天中，每隔一段時間，就讓過去見過的平和景象流過心底。這些平靜的畫面對心靈具有療癒的效果。
4. 不斷練習說出暗示性字眼，發出聲音，重複說出有安詳及平靜意義的言語。言語有很大的暗示力，只要發出聲音說出來，就會有療癒的效果。
5. 說話時使用的詞彙，對思想有直接而明確的影響。確保你使用的是祥和平靜的字眼，就會產生祥和平靜的念頭，也會擁有祥和平靜的心靈。

6. 每天維持至少十五分鐘的完全靜默。獨自一人找個安靜的場所坐下或躺下來。不要跟任何人說話。不要寫字，不要讀書，想得愈少愈好，把心思放空。想像你的心靜止不動。

7. 你可以要求自己的心提供任何你想要的回應，但是它只能給出曾經得到的東西。因此，讓腦海裡充滿平和的經驗、詞彙及念頭，就能擁有許多可引發平靜心情的經驗。

註解

1. 腓利比書3:13。
2. 亞維拉的德蘭（St. Teresa of Avila，一五一五至一五八二年）：西班牙修女，神祕主義者，一六二二年封聖。
3. 湯瑪斯・卡萊爾（一七九五至一八八一年）：蘇格蘭作家、歷史學家，著有《英雄與英雄崇拜》、《法國大革命史》等書。
4. 史塔・戴利：為筆名。二十世紀初美國歹徒。他的個性凶暴，傷人無數，十餘歲便已搶銀行多次，據稱是當時全美最厲害的破解保險箱高手。他在獄中因見到異象而頓悟悔改，開始信仰基督教，並於出獄後四處演說，撰寫多部傳教手冊，以《愛能打開牢獄之門》著稱。「沉思冥想」與「正向思考」是其傳教重點。

13 如何擁有恆常不變的能量

有位大聯盟棒球投手，曾在氣溫超過攝氏三十八度的比賽中負責主投。他在那天下午的賣力表現，讓他的體重掉了幾公斤。比賽進行到某個階段，他幾乎快沒力氣了，但他恢復體力的方法很特別，就是重複唸一段《舊約》：「但那等候耶和華的必從新得力，他們必如鷹展翅上騰，他們奔跑卻不困倦，行走卻不疲乏。」（以賽亞書40:31）

法蘭克・希勒（Frank Hiller）[1]，那位有著上述經驗的投手告訴我，站在投手板複誦這段話，讓他可以打完全場，而且還有多餘的體力。他是這麼解釋的：「我不斷想著這個可以產生能量的、強而有力的念頭。」

心裡的感受，絕對會影響生理狀況。如果你在心裡告訴自己很累，你的身體機能、神經和肌肉就會接受這個想法。如果你覺得很有趣，就可以不斷進行某項行動。宗教可經由思想產生作用，事實上，它是靠著規律思想而形成的系統。

宗教可提供內心進入信仰狀態而增加能量的情境，讓你有充裕的支持與足夠產生能量的資源，幫助你完成不可思議的任務。

有位住在康乃迪克州的朋友，是個精力充沛、充滿活力和精神的人，他會定期上教會「充電」。他的觀念很正確，上天是一切能量的來源——宇宙的能量、原子能、電能和精神能量。的確，每一種形式的能量都來自造物主。《聖經》強調這個觀念說：「疲乏的，祂賜能力，軟弱的，祂加力量。」（以賽亞書40:29）

《聖經》另一段話則描述上天不斷給予能量的過程：「我們生活（有生命力）、動作（有動態能量）、存留（達到完整），都在乎祂。」（使徒行傳17:28）

與上天的聯繫可在我們心裡建立一股能量，而這種能量就跟重建世界、每年從春天重新展開新的一年是相同的。當我們透過思考與上天建立屬靈的連結時，神聖的能量會充滿我們，讓人格自動更新到創造時的狀態；一旦與神聖能量的聯繫產生斷裂，人格就會在身、心、靈各方面逐漸衰竭。電子鐘會無止息地正確計時，絕不會慢下來，但只要拔下插頭，它就會停下來；因為它失去了跟宇宙運行力量的連結。一般而言，這個程序也適用於人類經驗，只是沒有那麼機械化罷了。

幾年前，我去聽了一場演講，講者向聽眾聲稱，他已有三十年不覺得疲倦。他解釋說，三十年前他有過一次屬靈經驗，他放下個人意志，與神聖的力量連結，從此以後，他擁有足夠的能量可從事各種活動，真的很不可思議。這件事讓我深受啟發：**我們可以在意識裡汲取無限的力量，而不必受到能量衰竭的痛苦。**我針對這位講者所說的觀念，研究、實驗了許多年，也聽其他人解釋及示範過，我深信，只要科學地運用基督教的原則，便可對身心注入持續不斷的能量。

這些發現獲得一位知名醫師的證實。我跟他談到一位彼此都認識的人，這個人身負重任，從早工作到晚從不休息，卻似乎能承擔新的責任。他有個訣竅可輕鬆而有效率地工作。

我對醫師說，希望這個人的生活步調不要繃得太緊，導致身心崩潰。醫師搖搖頭說：「不會，身為他的醫師，我不認為他會因壓力而崩潰，因為他做事很有條理，人格特質中沒有能量耗盡的問題。他就像是部運行完美的機器，處理事情輕鬆自如，承擔重任也不覺得勉強。他從來不浪費一點力氣，做每件事都全力以赴。」

我問他：「那你怎麼解釋他的工作效率，以及似乎源源不盡的能量？」

醫師沉思了一會兒，說：「因為他是個正常、情緒穩定的人。更重要的是，他有虔誠的信仰。他從信仰裡學到如何避免流失力量，他的信仰是實際可行的機制，可以防止能量的流失。導致能量流失的原因，不是工作有困難，而是情緒的劇烈變動，但這個人完全沒有這方面的問題。」

已有愈來愈多人了解，**想擁有能量和人格力量，最重要的是要維持健全的心靈生活。**

與大自然的律動同步

人體天生就能在極長的時間裡提供所需的能量。適當地照顧身體，例如適當的飲食、運動、睡眠，不要濫用身體，身體就會持續產生驚人的能量，並保持良好的健康；如果維持情感生活的平衡，就可以繼續保存這些能量。如果容許遺傳或天生殘缺而導致的情緒反應，就會欠缺生命力。**當身、心、靈產生和諧互動，就會處於持續補充所需能量的自然狀態。**

我經常和湯瑪斯・愛迪生夫人討論她那位舉世皆知的丈夫，全世界最偉大的發明家之習慣和個性。她告訴我，愛迪生有個習慣，他在實驗室工作幾個小時後，一回家就躺在舊沙發上完全放鬆，像小孩一樣熟睡。他睡了三、五個小時就會立刻清醒，急著回去工作。

我請愛迪生夫人分析，為什麼他丈夫可以這麼自然地得到充分的休息？她回答說：「他是個順應自然的人。」意思是，愛迪生與大自然及上天合而為一，內心沒有執念，沒有混亂或衝突，沒有精神異常，也沒有情緒不穩定的問題。他一直工作到需要睡覺時才停下來，而且睡得很熟，一起床就繼續工作。他透過自我控制，也就是完全放鬆而獲得能量。他與宇宙驚人的和諧關係，讓大自然向他透露了不可思議的祕密。

我認識的每位事業有成的人，其傲人的成就均顯示出與造物主的步調一致。這種人與大自然的關係似乎都十分和諧，並與神聖的能量有所連結。他們未必是虔信的教徒，但從情緒與心理的角度來看，都是自制的人。因為恐懼、怨恨、童年時父母的不當對待、內心的衝突與執念，都會破壞人性精細的平衡，導致自然力量的過度耗損。

隨著年齡逐漸增長，我愈來愈相信，不論是年齡或環境，不必然會讓人喪失能量和生命力。我們總算了解了信仰與健康的密切關係，我們開始了解一個始終被忽視的真理，就是：**大部分生理狀況是被情緒所決定，而情緒又被思想所制約。**

整部《聖經》都是在討論活力、能量和生命，其中最重要的字眼就是「生命」，而生命意謂著活力——充滿能量的活力。耶穌有一段很重要的話：「……我來了，是要叫人得生命，並且得的更豐盛。」（約翰福音10:10）這個說法並沒有排除痛苦、傷害或困難，但它的言外之意很清楚，只要實踐基督教創造和再創造的原則，就可以活得更有力量。

實踐上述原則，便可過著有適度節奏的生活。能量常被過快的生活節奏給破壞。若要保存能量，就必須將個性調整到與上天的節奏一致。如果行事的步調與上天無法一致，就會把自己弄得一團糟。「雖然上天的磨坊磨得慢，但是它磨得非常細。」[2]大多數人的碾磨機轉得很快，所以磨得很粗。只要我們的生活與上天的律動產生協調，內心就會發展出正常的節奏，能量就會如泉湧般源源不絕。這個時代的忙碌習慣，往往導致毀滅性的效果。

有位朋友轉述她年邁父親的觀察。她父親說，過去年輕男子要追求愛慕的女子時，會在傍晚時帶著此心思坐在客廳。那時，時間是用老爺鐘從容、笨重的敲打聲來衡量。老爺鐘的鐘擺很長，它好像在說：「時——間——多——得——很。時——間——多——得——很。」但現代時鐘的鐘擺比較短，打得比較快，彷彿在說：「快點去忙！快點去忙！快點去忙！快點去忙！」

每件事的速度都變快了，讓很多人覺得疲倦不已。解決之道，就是與全能上天的律動同步。有個方法可以幫助你做到，找個溫暖的日子走到戶外，躺在地上，把耳朵貼近地面傾聽。你會聽到各種聲音，像是風吹樹梢的聲音，以及昆蟲的低語。

你很快就會發現，在這許多聲音裡，有一種恰到好處的節奏。你在城市繁忙的街道上聽不到那種節奏，因為混亂的聲響沒有任何節奏可言。你在教堂聽著上天話語和優美聖歌時，可以聽到那種節奏。在教堂裡，真理與上天的節奏產生共鳴。若是你用心一點，也可以在工廠裡找到那個節奏。

有位朋友是俄亥俄州一家工廠的老闆，他告訴我，工廠裡最好的工人，就是跟機器的節奏諧調一致的人。如果工人的步調能與機器節奏一致，就算工作一整天也不會疲倦。他指出，機器是根據上天的律法組成的，若是你愛它、了解它，就能察覺它有一種節奏；它跟身體、神經和靈魂的節奏一致，跟上天的節奏一致。若是與機器的節奏一致，就可以操作它而不感到倦怠。爐灶有節奏，打字機有節奏，辦公室有節奏，汽車有節奏，你的工作也有節奏。為了避免疲勞並保持能量，請用感覺去摸索全能的上天和祂的工廠的節奏。

要做到這點，身體必須放鬆，想像內心也跟著放鬆。想像靈魂已經靜止不動，然後用下面的話禱告：「親愛的上天，祢是所有能量的來源。祢是太陽、原子、所有血肉及心智能量的來源。我從祢那裡汲取能量，如同取自無窮無盡的浩瀚來源。」然後確信你已接收到能量，並跟造物主的節奏保持一致。

全心投入深信不移的事

當然，很多人會感覺倦怠，是因為他們對什麼都沒興趣，沒有任何事可讓他們為之感動。除了個人的小煩惱、願望和仇恨之外，沒有什麼更重要了，他們把自己的事看得比人類史上任何危機都來得重要。他們為細瑣、毫無意義的事情焦慮，把自己搞得精疲力盡，感到倦怠，甚至生病。避免疲倦最有效的方法，就是全心投入一件深信不移的事。

有位知名的政治人物一天演講七場，卻仍精力充沛。

我問他：「為什麼你一連演講七場都不會累？」

他說：「因為我完全相信自己說的每句話，我對自己的信念有無比的狂熱。」

這就是祕訣所在，**對某件事有熱情，全心全意地付出，這麼做，就不會失去能量和生命力**。只有在覺得人生乏味時，才會失去能量。當你感到無趣時，就算不做任何事也會疲倦。

要完全被某件事吸引，必須完全投入。走出自己的小世界，做個有用的人，做點事，千萬別只是坐著發牢騷，一邊看報紙，一邊說：「他們為什麼不做點什麼？」做事的人不會感到疲倦。如果你做的事沒有意義，就會感到疲倦，你整個人正在瓦解，你整個人正在衰退，你在一開始就潰不成軍了。

你愈投入並關心自己以外的事，就會擁有愈多能量。因為你不會有時間想到自己，被個人的情緒纏住而動彈不得。

矯正自己的情緒，就能在生活中充滿能量。這點很重要，如果做不到，就永遠得不到充足的能量。

已故的克魯特．羅尼克（Knute Rockne，美國史上最偉大的橄欖球教練之一）說，除非球員的情緒受到心靈的控制，否則無法擁有足夠的能量。

事實上，他還說，如果球員對其他隊友無法心存真誠友善，他不會讓這個人加入球隊。他說：「我必須讓球員使出全力，我發現，如果他討厭另一個人，就不會使出全力。**厭惡的念頭有礙於能量的發揮**，除非他排除內心的厭惡感，發展出友善的感情，否則他的表現不會達到標準。」

缺少能量的人心思紊亂，受到深沉、天生的情緒與心理衝突的影響。有時這種錯亂會造成嚴重的後果，但是永遠有療癒的可能。

罪惡感和恐懼對能量的影響

了解人性的權威人士都知道，罪惡和恐懼對能量多寡有很大的影響。擁有充沛生命力的人，才能減輕罪惡感或恐懼（或兩者兼具）帶來的痛苦，否則只會剩下一點能量來應付日常生活。恐懼和罪惡感會造成能量的大量流失，只殘留一點力氣讓人用於工作，因此很快就會感到倦怠，無法達到工作要求，變得退縮、消極、遲鈍、無精打采，準備放棄一切，而導致疲倦、沒有活力的狀態。

有位商人被精神科醫師轉介到我這裡。他向來是個道德嚴謹、行為正直的人，卻與已婚婦女發生感情，他試圖斬斷這段關係，懇求對方與他分手，讓他重返受人敬重的生活，卻被對方拒絕了。

對方威脅說，如果他堅持要終止這段感情，她就要向自己的丈夫坦白。這位商人了解，如果對方的丈夫知道真相，他將名譽掃地，而他是社區裡備受尊重的名人。

擔心被揭發的恐懼與罪惡感，讓他無法入睡，也無法休息。這種狀況持續了兩、三個月，讓他處於能量的谷底，無法有效處理工作，導致重要的事情都被耽擱，情況十分嚴重。因為失眠的緣故，精神科醫師建議他來找我。他抱怨說，神職人員不可能改變失眠問題。他反而覺得醫師可以提供有效的藥物。

當他告訴我這個想法時，我只問他，如果他想跟兩個令人苦惱的枕邊人（bedfellows）睡在一起，要怎麼樣才睡得著。

「枕邊人？」他驚訝地說：「我沒有枕邊人。」

「喔，有，你有。」我說：「世上沒有人能跟枕邊人睡在一起，而且一邊一個。」

「這是什麼意思？」他問。

我說：「你每天晚上都睡在恐懼和罪惡感中間，一邊一個。你企圖進行不可能的特技。你吃多少安眠藥都沒用。它們之所以無效，是因為藥物無法觸及內心深層，而那裡才是造成你失眠的原因，以及吸走你的能量之處。你必須根除內在的恐懼及罪惡感，才能安然入睡，恢復元氣。」

我們用很簡單的方法處理他對不倫曝光的恐懼，準備好做了正確選擇後可能產生的狀況。也就是，不論結果如何，都要中止那段婚外情。我勸他放寬心，**只要做了正確的事，一定會有好的結果。**做正確的事，不會有壞的結果。我鼓勵他把這件事交給上天，只管做對的事，後果讓上天來處理。

他這麼做了，雖然戰戰兢兢，但還算是真誠。對方或許是精明，或許是善良，或許是基於不明的權宜之計，把愛轉移到其他人身上，總算放過他了。

他的罪惡感，透過尋求上天的寬恕而解決。只要真誠尋求上天的寬恕，絕對不會被拒絕。商人得到了解脫，一旦移除內心雙重的負擔，整個人便以驚人的速度恢復了正常。他終於睡得著了，找到心靈的平靜，恢復力氣，整個人的能量也很快就恢復了。他比以前更有智慧，懷著感恩的心，繼續過著正常的生活。

重新尋回活力

有種常見的能量衰退的例子，就是看起來很洩氣。壓力、單調和持續的責任，會讓心靈缺少活潑的生氣。

人必須擁有活力，才能夠妥善地工作。運動員會失去活力，一般人不論從事什麼職業，也會有覺得平淡枯燥的時候，處於這種心理狀態下，會消耗更多的能量，得費勁地處理過去可以輕鬆完成的事，結果在需要發揮時缺乏需要的能量，進而導致失敗。

有位知名的商人曾用一種方法處理這類問題。他也是某大學董事會的主席，那所大學有位表現傑出、也很受歡迎的教授，卻因教學能力下降，再也引不起學生的興趣。學生與董事私下認為，如果他再也無法恢復高昂、熱情的教學能力，就必須被撤換。董事會對於是否要撤換他有些猶豫，因為他還有幾年才到達退休年齡。

這位商人請教授到他的荒野小木屋，並提出一個奇怪的建議：請他除了《聖經》以外，不要帶任何書，同時請他每天散步、釣魚，在庭園裡做些體力勞動。教授必須每天讀《聖經》，並盡可能熟記經文。

這位商人說：「我相信，如果你花六個月在戶外砍柴、挖土、讀《聖經》，以及在湖邊釣魚，肯定會煥然一新。」

教授接受了這個特別的建議。而他超出自己和其他人的期待，很快就適應了迥然不同的生活。事實上，他驚訝地發現，自己很喜歡這種生活。在適應了積極活潑的戶外生活後，他發現這種生活型態很有吸引力。他有一段時間很懷念學術夥伴和書籍，卻被迫只能讀手邊唯一的書——《聖經》。最後，他出乎意料地發現：「《聖經》裡有一座圖書館。」他在書中的篇章找到信仰、平靜和力量。六個月後，他成為一個全新的人。

那位商人告訴我，這位教授變成「一個擁有讓人難以抗拒的力量之人」。過去的疲憊與厭倦感已經消失，原來的能量回來了，他的活力激增，對生命的熱情也恢復了。

向上思考力

重新擁有能量的實用守則

1. 能量常被過快的生活節奏給破壞。若要保存能量，就必須將個性調整到與上天的節奏一致。找個溫暖的日子走到戶外，躺在地上，把耳朵貼近地面傾聽。你會聽到各種聲音，並發現這些聲音裡有一種恰到好處的節奏。

2. 對某件事有熱情，全心全意地付出，這麼做，就不會失去能量和生命力。心裡的感受絕對會影響生理狀況。如果你在心裡告訴自己很累，你的身體機能、神經和肌肉就會接受這個想法。如果你覺得很有趣，就可以不斷進行某項行動。當你感到無趣時，就算不做任何事也會疲倦。

3. 恐懼和罪惡感會造成能量的大量流失。只要做了正確的事，一定會有好的結果。做正確的事，不會有壞的結果。只管做對的事，後果讓上天來處理。

註解

1. 法蘭克・希勒（一九二〇至一九八七年）：一九四六至五三年間為美國大聯盟職棒投手。
2. 作者此處所引用的文句「Though the mills of God grind slowly, yet they grind exceeding small.」取自美國詩人朗費羅（Henry Wadsworth Longfellow，一八〇七至一八八二年），譯自德國詩人Friedrich von Logan編輯的《*Deutscher Sinngedichte drei Tausend*》（一六五四年）。原文的下一句是「Though with patience He stands waiting, With exactness grinds He all.」意謂：「天道有常，報應不爽。」這個說法源自西元前一世紀希臘的「天譴」觀，後世多有類似說法。作者此處僅引用前一句，省略了後面，鼓勵人們跟隨上天的節奏，但已無原句警惕的意思。

14 禱告的驚人力量

傑克・史密斯（Jack Smith）的工作是幫助人們保持身體健康，他相信禱告就算沒有比運動、蒸氣浴及按摩更重要，至少也跟它們一樣重要。禱告是釋放力量的過程中，很重要的一部分。

現在，人們比過去更常禱告，因為他們發現禱告能增加個人效率。禱告有助於汲取能量，並且能使用到其他方法所無法提供的力量。

有位知名的心理學家說：「禱告是在解決個人問題時最大的力量。它的力量之大，讓我非常驚訝。」

禱告的力量是能量的展現。就如同以科學方法釋放原子能，經由禱告機制的科學程序，可以釋放心靈的能量。有許多令人振奮、能量充沛的例子，就是最好的證明。

禱告的力量可讓老化的過程正常，避免年老體衰及退化。年齡增長未必會喪失基本能量或生命力，或變得虛弱疲憊。你不該讓自己意志消沉，沒有生氣或感覺遲鈍。每晚的禱告，可讓你每天早晨神清氣爽、煥然一新地走出家門。

如果你讓禱告進入潛意識，那裡正是你採取正確或錯誤行動的力量之所在，便可獲得解決問題的指引。禱告可讓你做出正確而適當的反應；禱告可深入潛意識，改造你自己；它能夠釋放並維持源源不絕的力量。

如果你還沒有這種經驗，就需要學習新的禱告法。有效率地學習禱告是很好的。一般禱告強調的都是宗教性的意義，但其實這兩者沒有明顯的差異。科學地練習心靈，就跟一般科學相同，都必須排除刻板的程序。如果你持續使用某種禱告法，就算它能讓你得到祝福，還是可以改變禱告方式或練習新作法，藉以讓自己得到更多益處。換個新的角度思考，運用新的方法，就可以獲得最大的效果。

當你在禱告時，就是在與全世界最大的力量互動。你不該用老式的煤油燈來照明，而應該使用最新的照明設備。

有靈性天賦的人，會持續發現新穎而有趣的心靈技巧。依照這些已被證實有效的方法來練習禱告，非常恰當。如果你覺得這說法聽起來太前衛、太科學，請記住：**禱告的奧祕，在於它是謙卑地來到上天面前、開放心靈的最有效方法。任何能促使上天能量進入心靈的方法，都是正當且可行的。**

為自己禱告的三法則

幾年前，有個人在紐約開了一家小店，他形容那家店像「牆上的小洞」，只請了一位員工。過了幾年，他們搬到較大的店面，然後又換到更大的店面，生意做得很成功。

他描述自己做生意的方法是「用樂觀的禱告和思維，填滿牆上的小洞」。他宣稱，認真工作、正向思考、公平交易、待人得當及適當的禱告，永遠都會產生好效果。這個擁有創意及獨特心靈的人，自行發展出一套簡單的作法，利用禱告的力量來解決問題及克服困難。

這個法則就是：一、禱告化，二、想像化，三、實現化。

這位朋友指出，「禱告化」是指一套日常創意禱告系統。只要發生問題，就在禱告中簡單且直接地向上天說清楚。

此外，這個法則不是把上天視為巨大、遙遠、模糊的存在，而是想像上天就在辦公室、家裡、街頭、車上，永遠近得像自己的夥伴或交情很好的同事。

他謹守《聖經》的指示，要「不住的禱告」，並認為每天工作時，都要以自然、正常的態度，跟上天討論必須決定及處理的事。

上天的無所不在支配了他的意識，最後也影響了他的潛意識。他「禱告化」了日常生活，他走路、開車或從事日常活動時，隨時都在禱告。他的日常生活充滿禱告，也就是說，他倚靠禱告而活。他不常跪下來禱告，但會像對同事說話般對上天說：「主啊，我要怎麼處理這件事？」或「主啊，請讓我對這件事有更新的見解。」就這樣，他禱告化了他的心靈，也禱告化了自己的行為。

他的創意禱告法則的第二個要點，則是「想像化」。物理學的基本要素是「力」，至於心理學的基本要素則是「可實現的願望」。認為自己會成功的人，通常比較容易成功；認為自己會失敗的人，通常比較容易失敗。當失敗或成功被想像成真的，就會像它的心理圖像那樣被實現。

為了確保某些值得的事情發生，首先要禱告這件事一定會發生，並依照上天的旨意衡量它，然後在心裡想像它發生時的樣貌，在意識裡堅定地保有它。持續把這個想像交託給上天，也就是說，把它交到上天手裡，遵照祂的指引去做。

努力用心地做，做你該做的事。確實相信並持續在心裡保有那份想像，只要這麼做，你將會對想像奇妙成真而感到驚訝，想像的圖像也會「實現化」。**只要將上天的力量引入可實現的願望，自己亦全心投入，便能經由「禱告化」、「想像化」及「實現化」的過程，讓夢想成真。**

我親自練習過這個禱告法，並從中得到很大的力量。我推薦給許多人，他們也認為，這讓他們體驗到禱告所釋放的創造力量。

舉例來說，有位女士發現自己與丈夫的感情漸漸變淡。他們原來的婚姻關係良好，但因妻子把太多心思放在社交活動上，丈夫則忙於工作，長年的親密伴侶關係便逐漸消失了。有一天，她發現丈夫愛上其他女人，因而感到驚惶失措，歇斯底里。她去請教牧師，牧師有技巧地把討論重點指向她，她也承認自己是個粗心的家庭主婦，任性、說話尖刻又愛嘮叨。

她也承認，一直認為自己配不上丈夫。她在丈夫面前有強烈的自卑感，覺得社會地位與智力都比不上他。所以她退縮到對立的狀態，行為變得暴躁易怒、吹毛求疵。

牧師看得出來，這位妻子具備的才華、能力和魅力，比她表現出來的更多，便建議她應該打造一個既有能力，又有吸引力的自我形象。他幽默地說：「上天開了一間美容院。」信仰可以讓人看起來更美，舉止迷人又自在。

他指導她如何禱告，如何讓心靈「想像化」。他也建議她應該想像過去夫妻關係的心理圖像，把丈夫的優點具體化，想像兩人感情融洽，並對這個想像有信心。透過這個方法，牧師協助她做好準備，以爭取個人的勝利。

就在此時，她的丈夫說，他想離婚。她已自我調適到可以冷靜接受這個要求了，於是說，如果這是他想要的，她願意離婚，但建議暫緩九十天再做決定，因為一旦離婚就無法回頭了。「如果九十天後你還想離婚，我願意成全。」她冷靜地說。丈夫懷疑地看著她。他以為妻子會大哭大鬧。

他每天晚上外出，她則每天晚上坐在家裡，想像丈夫就像過去那樣，舒服地坐在椅子上看書。她想像丈夫在家裡走來走去，刷油漆、修東西，做以前做的事；甚至想像丈夫像新婚時那樣幫忙擦乾碗盤。她想像兩人就像過去那樣，一起打高爾夫球，一起徒步旅行。

她以堅定的信心保有這個想像。直到有一天晚上，丈夫真的坐在椅子上，她又看了一次，確認那是真的，不是自己的想像。或許想像就是真實，無論如何，那個男人真的就坐在那裡。

他偶爾還是會出門，不過愈來愈多個夜晚，他都坐在椅子上。後來，他又像以前一樣讀報給她聽。某個晴朗的週六下午，他問她：「要不要去打高爾夫球？」

日子就這麼快樂地過去了，直到她發現九十天屆滿。當天晚上，她平靜地說：「比爾，今天是第九十天。」

「什麼意思？」他疑惑地問：「第九十天？」

「怎麼，你不記得嗎？我們同意等九十天以後再決定是否離婚。今天就是第九十天。」

他看了她一會兒，然後整個人躲在報紙後面，翻了一頁，說：「別傻了，沒有你，我怎麼過日子？你怎麼會認為我想離開你？」

這個法則證明了它是有力的機制。她禱告化、想像化，尋求的結果就實現了。禱告的力量，解決了這對夫妻的問題。

我知道很多人成功使用這個技巧，而且不只用於個人事務，也用來解決工作問題。真誠、理性地使用這個方法，都會得到很好的結果，這是非常有效的禱告法。

禱告可激發創意想法

禱告的重要功能之一，就是激勵人產生富有創意的想法。我們儲存了成功生活所需要的一切資源。所有念頭都存在意識裡，只要釋放出來，透過適當的方法發揮，就可以成功進行任何計畫。

《新約》說：「神之國就在你們心裡。」（路加福音17:21）就是在告訴我們，上天已在我們的思想和個性裡，儲存了一切所需的潛力和能力，來建構我們的生活。這些力量一直留待我們去汲取並開發。

舉例來說，我認識的一個朋友是四位經理的主管。他們有個定期聚會稱為「點子會議」，目的是汲取四個人腦海裡的創意。

他們開會的房間裡沒有電話、呼叫系統或其他常見的辦公設備，同時採用隔音的雙層窗，幾乎聽不到街上的噪音。

每次聚會開始前，他們會花十分鐘安靜地禱告與沉思，想像上天在心中發揮創造力。每個人都用自己的方式靜靜禱告，相信上天會把工作需要的點子，從他們心裡釋放出來。

靜禱之後，大家開始發言，把想到的點子一古腦兒丟出來。他們把想法寫在紙片上，然後放在桌子上，沒有人會批評其他人的想法，因為爭論會阻礙創意的流動。

最後，這些紙片會被收起來，等到下次聚會時再進行評估。這個汲取點子的聚會，是被禱告激發出來的。

剛開始聚會時，大部分的點子都沒什麼價值，漸漸地，好點子的比例增加了。如今，很多在事後被證明為實用的建議，都是在「點子會議」裡發想出來的。

其中有位經理解釋道：「我們提出來的點子不僅表現在資產負債表上，每個人也都得到新的信心，強化了我們共事的感情，這種感覺也會散播給其他同事。」

那個老說宗教只是理論、做生意用不著它的老派商人呢？如今，任何成功、有競爭力的商人，都會採用最新、最有效的生產、銷售和管理方法，而且很多人都發現，其中最有效的方法就是禱告。

世界各地的聰明人都發現，透過禱告能讓他們感覺更好，工作更順暢，做事做得更好，晚上也睡得更好，而且變成更好的人。我的朋友葛洛夫・派特森（Grove Patterson，《*The Blade*》的編輯）是個精力過盛的人。他說，他的精力有一部分來自禱告。例如，他很喜歡在禱告中進入睡眠狀態，相信那時的潛意識最為放鬆。

人生有一大部分都是被潛意識所決定，**如果你在最放鬆的狀態下讓禱告進入潛意識，禱告就會發揮強大效果。**派特森輕聲笑說：「我曾經很擔心在禱告中會睡著，現在則是努力在禱告中可以睡著。」

為旁人禱告

我個人認為，禱告是一個人向另一個人、向上天傳遞振動。整個宇宙都在振動，一張桌子的分子會振動，空氣裡充滿振動，人類的互動也是一種振動。當你為另一個人禱告，就是利用精神宇宙裡的力量。

你把愛、幫助和支持的感覺，一種關懷、體諒的力量，從你身上傳到另一個人身上，在這個過程裡，你喚醒了宇宙的振動，經由它，上天讓你祈求的目的實現了。試試這個方法，你將見識到它驚人的效果。

舉例來說，我有為身邊的人禱告的習慣。有一次，我準備搭火車穿越西維吉尼亞州時，突然有個奇怪的念頭。當時我看見一位男士站在月臺上，然後火車一開動，他就從我的視線中消失了。我心想，那是我第一次、也是最後一次見到他，他的生命與我的生命僅僅交會了一剎那。他走他的陽關道，我過我的獨木橋，我很好奇他的生命將會如何發展。

然後，我開始為那個人禱告，傳遞出確切的心願，希望他的生命充滿祝福。接著，我又為火車行進中看到的其他人禱告。我為一位在田裡耕作的人禱告，希望上天幫助他有很好的收成。

我看到一位母親在晾衣服，掛了衣物的曬衣繩告訴我，她有個大家庭。我匆匆看了她的臉龐，以及她在處理小孩衣物的模樣，這在在告訴我，她是個快樂的女人。我為她禱告，祝福她有快樂的生活，丈夫永遠對她忠實，她也會對丈夫忠實。我禱告他們是個有信仰的家庭，孩子長大後可以成為強壯、正直的青年。

在某個車站，我看到一名男子半睡半醒地靠在牆上。我禱告他能清醒過來，別再靠救濟過日子，可以認真做點事。

後來，我們停在某個車站。有個可愛的小孩，褲管一長一短，襯衫領口沒扣，穿了件過大的毛衣，頭髮蓬亂，臉孔骯髒，他正費力地舔著棒棒糖。我為他禱告，當火車開動時，他抬頭看看我，給了我一個奇妙的微笑。我知道，我的禱告產生了振動，便向他揮揮手，他也對我揮揮手。我大概再也見不到他了，但我們的人生有了交集。

那是個陰天，直到那一刻，太陽突然露臉，我猜那男孩也知道，因為他臉上綻放著光彩。我很開心，確信那是上天的力量像流過回路似的流過我，再流到那個男孩，然後回到上天那裡。我們都感受到禱告的力量。

「快閃」禱告

很多獨特的禱告法都會引起我的注意，其中最有效的，是法蘭克・蘭巴克（Frank Laubach）在他傑出的著作《禱告，全世界最強大的力量》所提出的。蘭巴克博士相信，禱告會產生真正的力量，在他提出的方法中，有個一邊走在路上，一邊向人們「發射」禱告的方法，他稱之為「快閃禱告」（Flash prayers）。

他用禱告轟炸路人，傳遞自己的善意與愛。他說，當他走在街上向路人「發射」禱告時，通常人們會轉過頭來看他，並對他微笑。他們感受到有如電一般的能量流過。

蘭巴克博士會在公車裡向乘客「發射」禱告。有一次，他坐在一位看起來很憂鬱的男人身後。他上車時就注意到那個人滿臉怒氣，便在禱告中把善意與信仰傳遞給他，想像這些願望包圍著他，並深入他的心。而那個人突然開始輕撫後腦勺，在下車時，臉上的怒氣已經消失了，取而代之的是一臉笑意。蘭巴克博士相信，他用「到處散發愛與禱告」的方式，經常改變滿載乘客的車子裡的氣氛。

有一次，在一列火車的豪華車廂裡，有個喝醉酒的男人非常粗魯，說話態度又傲慢，車廂裡的每個人都很討厭他。我距離他有半個車廂遠，便決定試試蘭巴克博士的方法。我開始為他禱告，向他傳遞善意的念頭，想像他也有好的一面。

沒什麼特別的原因，他突然轉向我，給了我一個坦率的微笑，還舉起手來跟我打招呼。他的態度改變了，也安靜了下來。我確信這是禱告發出的善念有效地傳給他了。

每次演講前，我都習慣為在場的人禱告，向他們發散愛與善意。有時候，我會針對聽眾中一、兩位看起來很憂鬱或懷有敵意的人，發出特別的祝福與善意。

不久前，我在西南部某個城市的商會年度晚宴演講，注意到有位聽眾似乎對我很不滿。他的臉部表情或許不是衝著我來，但看起來很有敵意。在演講正式開始前，我為他禱告，並對他所在的方向「發射」了一連串的祝福與善意。我一邊演講時，仍一邊這麼做。

聚會結束後，當我正在跟身邊的人握手時，突然有人用力握住我的手，我一看，就是那位滿臉怒氣的人。

他一臉笑意地說：「老實說，你剛進場時，我很不喜歡你。我不喜歡傳道人，也不知道為什麼要請牧師來商會的餐會演講，我希望你的演說不成功。但在聽你演講時，好像有什麼觸動了我，我覺得自己像個全新的人，有種奇怪的平靜。真該死，我喜歡你！」

並非我的演說，而是發散的禱告力量產生效果。**大腦有二十億個小電池，可以發送思維和禱告的力量。**人體已被證實具有電磁力，我們身上有數以千計的小小發送站，當它們被禱告啟動後會產生極大的力量，貫穿人體全身，並在人們之間傳輸流動。我們可以透過禱告來發散力量。**禱告既是發送站，也是接收站。**

透過禱告改變人生

我正在協助一位有酗酒問題的人，他已經「乾」（匿名戒酒會的用語）了大約六個月，最近出差去了。某個星期二，大約下午四點時，我突然有種強烈的感覺，覺得他遇到了麻煩。我滿腦子都是這件事，覺得被什麼東西給牽引了，於是我放下手邊的工作，開始為他禱告。大約半小時後，直到那種感覺減輕了，我才停止禱告。

幾天後，他打電話給我：「我整個星期都在波士頓，我要告訴你，我還是『乾』的，但剛開始時，我有一次覺得很難受。」

「那時是星期二下午四點嗎？」我問他。

他很訝異地說：「是啊，你怎麼知道？是誰告訴你的？」

「沒有。」我回答：「沒有人告訴我。」我描述星期二下午四點時的感應，並告訴他，我為他禱告了半小時。

他很驚訝並解釋道：「那時我站在旅館的酒吧前拚命掙扎。然後我想到你，因為我那時非常需要幫助，於是我開始禱告。」

禱告從他那裡發散出來，讓我接收到了，於是我開始為他禱告。我們同時禱告，形成了一個直達上天的回路。那個人得到禱告的回應，有力量面對危機。然後他做了什麼？

他去藥房，買了一盒糖果，一口氣吃光光。他宣稱是「禱告和糖果」幫助他度過難關。

有位年輕的已婚女士承認心裡對鄰居及朋友充滿怨恨、嫉妒與憎惡。她很容易憂慮，老是擔心孩子會生病、發生意外，或是功課不好。在她可悲的人生中，盡是不滿、恐懼、怨尤和不快樂。

我問她是否曾禱告過，她說：「只有在陷入困境的絕望時刻。不過，我必須承認，對我而言，禱告一點意義都沒有，所以我不常禱告。」

我告訴她，真正的禱告可以改變人生，並教她如何發送愛的思想，而不是怨恨的想法；有信心的思想，而不是恐懼的思想。我建議她，每天在孩子放學時禱告，在禱告中承認上天的慈愛保護。起初她充滿懷疑，但後來成為我認識的人之中，最熱心提倡並認真禱告的人。她飢渴地閱讀相關書籍與小冊子，練習每種能產生禱告力量的方法。這個過程翻轉了她的人生，最近她寫信給我說：

「過去幾週來，我覺得我丈夫和我有著不可思議的進展。最大的進展，就是從你告訴我『如果你禱告，每一天都是美好的』開始。我把『每天早上一醒來，就相信今天一定很美好』的想法付諸行動。我可以肯定地說，從那天開始，我不再過著不如意或心煩意亂的日子。更驚人的是，事實上，我的日子沒有比以前更平順，也沒有擺脫過去的小煩惱，但它們似乎再也無法讓我心煩意亂。每天晚上，我會列出當天令我感恩的事——當天發生的，能增加幸福感的小事，做為禱告的開始。我知道，這個習慣讓我用心分辨美好的事，忘記不愉快的事。六週以來，我沒有一天過得不如意，也不曾因任何人而垂頭喪氣。這對我而言，實在是太奇妙了。」

她在試探禱告的力量時，發現了驚人的力量。你也可以做得到。

向上思考力

如何讓禱告有成效？

以下是讓禱告獲得有效結果的十個原則：

1. 每天撥出幾分鐘，不要說話，只是想著上天。這會增加心靈的感受力。
2. 用簡單、自然的詞語，開口禱告。把任何心裡想到的事告訴上天。不要用既定的禱詞，用自己的話跟上天說，祂會了解的。
3. 一邊從事日常工作，像是搭乘捷運或巴士，或是坐在桌前，一邊禱告。閉起眼睛，把外面的世界隔絕在外，專注於上天的存在，進行簡短的禱告。只要每天禱告愈多次，就愈容易感受到上天的存在。
4. 禱告時，不要總是提出要求，而是要承認自己已得到恩典。請把大部分的禱告時間用來感恩。

5. 禱告時要充滿信心，真誠的禱告可以傳達上天的愛與看護，並包圍你所愛的人。
6. 絕對不要在禱告時負向思考，只有正向思考才有效果。
7. 隨時表現出樂意接受上天旨意的態度。祈求你想要的，也樂意接受上天的安排，祂的安排可能比你想像的更好。
8. 心存把一切交給上天的態度。求上天賜給你盡其在我的能力，並且把結果放心交給祂。
9. 為你不喜歡或對你不友善的人禱告——怨恨是精神力量的最大障礙。
10. 列出一個你想代禱的名單。你為愈多人禱告，尤其是那些跟你沒有直接關係的人，就會接受到愈多禱告的效應。

註解

1. 《*The Blade*》是美國俄亥俄州托雷多市的一份報紙。一八三五年開始出版至今。葛洛夫・派特森（一八八一至一九五六年）曾任該報總編輯、專欄作家。
2. 法蘭克・蘭巴克（一八八四至一九七〇年）：美國藉基督教傳教士。

15 簡單解決個人問題的力量

我想告訴你，有些幸運的人找到解決個人問題的方法。他們實踐一種簡單而實際的方法，而且每次都很快樂且成功。這些人跟你沒什麼不同。他們跟你一樣，有同樣的問題和困難，但他們找到了在面對困難時能獲得正確答案的方法。若是你用這個方法，也能得到類似的結果。

將問題放到上天的手中

首先，讓我告訴你關於一對夫妻的故事，他們是我多年的好友。多年來，丈夫比爾都很認真工作，擔任公司第二高的職位。他是總裁接班人，也很有把握現任總裁退休後，自己就會接手。

沒有任何明顯的理由會讓他的期待落空，因為論能力、訓練及歷練，他都很符合。除此之外，公司也讓他以為如此。

然而，新總裁的人事命令發表時，他並沒有被選上，因為公司從外部找了一個人來擔任那個職務。

我在他居住的城市見到他時，他正遭逢這個打擊，而妻子瑪麗正處於憤憤不平的狀態。她在晚餐時忿怒地說，她要「跟他們說清楚」。她將深沉的失望、屈辱和挫折感匯整起來，以強烈的忿怒向丈夫及我全盤托出。

相形之下，比爾顯得安靜多了。雖然他很痛苦、失望和困惑，卻很有風度地接受事實。基本上，他的個性很溫和，沒有強烈表現出忿怒並不令人驚訝。瑪麗要他立刻辭職，並催他說：「跟他們說清楚，然後辭職。」

比爾似乎不想這麼做。他說，最好還是配合新總裁，並盡可能協助他。

這樣的態度確實很難做到，但比爾在這家公司已經很久了，若是換到其他公司也不會快樂。除此以外，他位居公司第二高的職位，大可繼續為公司所用。

隨後，他的妻子轉向我，問我會怎麼做。

我告訴她，我毫無疑問會像她一樣覺得失望及受傷，但我試著不讓憎恨偷偷爬進心裡，因為**仇恨不只會腐蝕靈魂，還會擾亂思緒**。

我建議她，以目前的情勢，我們需要的是超越我們智慧的神之指引。這個問題充滿了情緒，我們可能無法客觀、理智地想清楚。

我建議大家安靜幾分鐘，不要說話，靜靜坐著，以共同祈禱將心思轉向上天，祂說：「無論在哪裡，有兩、三個人奉我的名聚會，那裡就有我在他們中間。」（馬太福音18:20）我說，我們有三個人，如果盡力實現以祂的名聚會的精神，祂就會撫慰我們，讓我們知道該怎麼做。

基本上，瑪麗是個聰明、標準很高的人，要她接受這個建議並不容易，但她同意了。靜靜地過了幾分鐘後，我建議大家把手牽起來，雖然是在外面的餐廳，但我們仍安靜地禱告。我在禱詞中祈求上天指引，請祂賜給比爾和瑪麗平靜的心，並進一步要求祂祝福新任總裁，我也祈禱比爾能與新的管理團隊合作無間，比以前提供更多的服務。

禱告結束後，我們靜坐一會兒，然後瑪麗嘆了一口氣，說：「是的，我想是該這麼做。當我知道你要來跟我們共進晚餐時，我怕你會要我們採取基督徒的方式來解決。坦白說，我不想那麼做。我內心在沸騰，不過，當然我也了解，用這種方法才能找到正確的答案。我會認真這麼做，雖然很困難。」她笑得很勉強，但敵意已經消失了。

我偶爾會跟這兩位朋友聯繫，知道並非事事如他們所願，但他們已經漸漸接受在新總裁底下工作，也可以克服失望與敵意了。

比爾向我透露，他很喜歡新總裁，跟他一起工作也很愉快。他說，新總裁常找他商量，看來很倚重他。

瑪麗對總裁夫人也不錯。事實上，她們盡可能表現得合作無間。

兩年過去了。有一天，我到他們所住的城市，便打個電話過去。

「啊，我興奮得快說不出話來了。」瑪麗說。

我說，一定是什麼非常重要的事，才會讓她如此興奮。

她沒有回我的話，大叫：「喔，剛才發生了最美妙的事。」她說那位總裁，「被另一家公司相中去負責特別任務，所以他要離開公司，升官去了。」她丟出一個問題，「你猜怎麼著？比爾剛剛收到通知，他現在是公司總裁了。你快來，讓我們三個人一起獻上感恩。」

後來，當我們坐在一起時，比爾說：「你知道嗎？我開始了解基督教完全不是理論，我們依據定義明確的屬靈科學原則解決了問題。一想到要是我們處理問題時，不是依照耶穌的教誨，而可能犯下的可怕錯誤，我就全身發抖。」

他問：「到底是誰該為『基督教不切實際』這個可笑的觀念負責？當問題出現時，我一定會按照我們三人解決問題的方式來處理。」

幾年的時間過去了，只要瑪麗和比爾有任何問題，就會用同樣的方法處理，而且每次都有很好的結果。他們使用「放到上天手中」法，學到了如何適當解決問題。

想像上天是我們的夥伴

另一個既有效又簡單的解決問題方法，就是想像上天是我們的夥伴。《聖經》教誨的基本真理之一，就是：上天與我們同在。事實上，基督教就是從這個觀念出發的，耶穌出生時被稱為「以馬內利」（Immanuel），意思就是「上天與我們同在」。

基督教告訴我們，不論發生什麼困難、問題和處境，上天都在我們身邊。我們可以跟祂說話、倚靠祂、得到祂的幫助，並且從祂的關心、支持及幫助中，得到無與倫比的恩惠。一般而言，幾乎每個人都相信這是真的，而且很多人都有過這類充滿信心的經驗。

然而，要找到適當的方法解決問題，必須相信比「上天與我們同在」更深一層的關係。因為，你必須實實在在地實踐這個想法，**確實相信：上天就像你的妻子或事業夥伴，或最親近的朋友那樣，真實地存在。**試著與祂商量事情，相信祂會傾聽，並認真思考你的困難。想像祂通過意識，在你心裡刻下解決問題所需要的想法與見識。你必須相信，這些解決方法絕對沒錯，你將依據真理的引領而行動，結果必然是好的。

有一天，我在西部某城市的扶輪社演講，會後有位商人叫住我，他說，讀到我報紙專欄的內容後，「徹底改變了他的心態，並挽救了他的生意。」

我當然有興趣了解，也很高興我的話可以帶來這麼好的結果。

他說：「我的生意一直做得不太順利，事實上，能否挽回生意，已經變成很嚴肅的問題。一連串的厄運，加上市場景氣、法規程序及國內經濟的變化，整體而言，對我這一行有很大的影響。我讀了你的一篇文章，裡面提到與上天成為『合夥人』的觀念，我記得你是用『與上天合併』這個詞。」

「我第一次讀這篇文章時，覺得是個『腦袋壞掉的人的想法』。一個活在地球上的人，怎麼可能跟上天成為合夥人？此外，我一直視上天為宇宙浩瀚的存在，比人類大得太多，我在祂眼裡就像昆蟲一樣渺小。然而，你卻說我應該成為祂的合夥人，這個想法真是太荒謬了。後來，有朋友送我一本你寫的書，裡面都是類似的想法，描述採納這個建議的人們的真實故事，他們看來都是聰明人，但我仍然沒有被說服。我一直以為，牧師都是理想主義的理論家，一點都不懂做生意的實務。所以，我有點像是把你給『報廢了』。」他微笑地說。

「然而，發生了一件有趣的事。有一天，我進辦公室時感到很沮喪。我想，或許我最好把自己的腦袋轟掉，擺脫這些把我打敗的麻煩。突然，我想到『與上天成為夥伴』這個念頭。於是我關上門，坐在椅子上，把頭放在手臂上靠著書桌。我向你承認，許多年來，我禱告的次數不超過一打。不過，那次我真的祈禱了，我告訴主，我聽說過與祂成為夥伴關係的想法，我不確定那是什麼意思，又該怎麼做。我告訴祂，我很絕望，除了驚慌之外沒有任何想法，我感到困惑，不知所措，失去了所有信心。我說：『主啊，我無法在夥伴關係裡奉獻什麼，但請與我成為合夥人，幫助我。我不知道祢能怎麼幫我，但我需要祢的幫助。我把我的事業、自己、家庭及未來放在祢手裡。無論祢說什麼，我都願意遵從。我還不知道祢將如何告訴我該怎麼做，但我已經準備好聽從祢的意見，如果祢表達得夠明確。」

他繼續說：「那就是我的禱告。結束禱告之後，我坐在書桌前，期待有奇蹟出現，但什麼也沒發生。不過，我的確立刻覺得平靜而放心，有種平和的感覺。那天沒出現什麼不尋常的事，直到晚上也沒有。但第二天，我一進辦公室，便有種跟平常不同的快樂與希望的感受，我覺得很有信心，相信情況會好轉，我很難解釋為什麼會有那種感覺。情況並沒有改變，事實上，甚至有惡化的趨勢，但是我變得不同了，至少，有點不一樣。」

「這種平靜的感覺一直都在，我的心情開始好轉。我每天禱告，像對合夥人一樣地對上天說話。那不是教會式的禱告，只是男人與男人之間的討論。有一天，我坐在辦公室，心裡突然冒出一個念頭，就像吐司從烤麵包機裡跳出來。我對自己說：『咦，你怎麼知道？』因為那是個我從來沒有過的想法。不過，我立刻知道，我該那麼做。我不知道自己為何從沒想過這個方法，我猜是過去我的心思太糾結了，無法正常運作。」

「我立刻照著直覺進行。」他停了下來：「不，那是我的合夥人在跟我說話。我立刻把這個想法付諸行動，然後情況開始有了轉變。新想法不斷地從心裡跑出來，儘管大環境並不好，我的生意卻開始回穩。現在，大環境已改善許多，我的事業也走出了困境。」

他又說：「我不懂什麼跟講道有關的事，也不懂如何寫你那種書，但我告訴你，不論什麼時候，只要你有機會跟企業人士談話，務必告訴他們，只要接受上天做為生意的合夥人，就會得到用之不竭的點子，還可以把點子變成資產。我不只是談錢，我相信，若要從好投資得到好報酬，最好的辦法就是得到上天指引而來的點子。請告訴他們，與上天合夥是解決問題的最好方法。」

這只是諸多例子的其中之一，顯示了上天與人類的合作法則，確實能讓事情出現轉機。這個方法的效果值得再三強調。

在我觀察過的諸多案例中，它已創造出許多驚人的效果。解決個人問題時，最重要的是必須先了解，**它的力量是你與生俱來的**。其次，你必須**制定計畫，然後付諸行動**。毫無計畫的心靈與感情，是面對個人問題卻無法解決的重要原因。

有位企業主管告訴我，他倚賴「人類大腦的緊急力量」。這是他的理論，確實很有道理。人類在緊急狀況下，擁有額外可供發揮的力量。一般情況下，這種緊急因應的力量會呈現休眠狀態，但在特殊情況底下，這種額外力量可以充分發揮出來。

一個有信仰的人不會讓這種力量處於蟄伏狀態，而會以與信仰等比例的方式應用在日常生活中。這點可解釋為何有人在日常及危機時，比其他人更能發揮力量。他們已養成習慣，可以發揮出在特殊需要之外一直被忽略的力量。

當困難出現時，你知道該如何面對嗎？你有清楚而明確的計畫，可以解決艱難的問題嗎？很多人只是碰運氣，但他們通常運氣不佳。我必須再三強調這點的重要性：你要有計畫地運用強大的力量去解決問題。

芥菜種籽飾品的故事

除了兩、三個人聚在一起，以「臣服於上天」的方法禱告，或是與上天建立合夥關係，或是有計畫地發揮為因應緊急狀態而存在的內在力量，還有一個好方法，就是培養有信心的態度。

我研讀《聖經》多年後，才忽然了解，它試著告訴我，如果我有信心且深信不疑，就可以克服一切困難，面對各種處境時，就算失敗也能再站起來，解決人生中的複雜問題。我頓悟的那天，若不是一生中最重要的日子，也是諸多極重要的日子之一。毫無疑問的，許多讀者從沒想過信心在生活裡的重要性。我希望你現在已經了解了，因為**信心絕對是關係到人生成功與否的絕對真理**。

《聖經》自始至終一再強調：「你們若有信心像一粒芥菜種……你們沒有一件不能做的事了。」（馬太福音17:20）這點說明是絕對、如實、全然地如字面所述，它不是錯覺、幻想；既不是舉例，也不是象徵或隱喻，而是真正的事實──「信心，即使像一粒芥菜種」，將解決你的問題，你的任何問題，你全部的問題，只要你相信並實踐。「照著你們的信給你們成全了吧。」（馬太福音9:29）信心是必備條件，你會得到什麼結果，與你擁有多少信心及實踐的程度有關。微小的信心只能得到微小的結果；中等的信心帶來中等的結果；龐大的信心能帶給你龐大的結果。然而，全能的上天是慷慨寬容的，只要有像一粒芥菜種那麼大的信心，它都會在解決問題時創造出驚人的結果。

以我的朋友莫理斯（Maurice）及瑪麗・艾麗斯・佛林特（Mary Alice Flint）的感人故事為例，我因《信心的生活指南》精簡版發表在《自由》雜誌而認識他們。那時，莫理斯正處於失敗狀態，日子十分悲慘。他不只工作受挫，整個人也十分沮喪，內心充滿恐懼和怨恨，是我見過最負向思考的人之一。他天生個性和善，基本上是個不錯的人，但他也承認自己把人生搞砸了。

他讀到我在該書精簡版裡強調「芥菜種信心」的觀念。當時，他與妻子及兩個兒子住在費城。他打電話到我在紐約的教會，不知為什麼沒跟我的祕書聯繫上。我會提出這點，是為了指出他的心態已經改變了。他通常不會打第二次電話，因為他有個壞習慣，凡事只努力一下就放棄。但是這次他堅持下去，並知道教會做禮拜的時間。第二個星期日，他帶著家人從費城開車到紐約做禮拜，而且持續這麼做，就算天氣惡劣仍舊如此。

後來，在一次面談中，他向我詳訴自己的人生，問我是否覺得他仍可有所作為。錢的問題、情境的問題、債務的問題、未來的問題，最主要是他自己的問題，每個問題都很複雜。他已經被這些困難給擊垮，認為情勢毫無希望可言。

我向他保證，如果他能想清楚，把心態調整到與上天的思維一致，如果他願意學習，並實際使用信心法，一切問題都可迎刃而解。

他與妻子必須打從心底消除一種態度，就是怨恨。他們幾乎對每個人都不滿，尤其對某些人的怨氣特別深。他們用病態的念頭推想，覺得自己會陷入失意的狀態，並不是自己做錯了什麼，而是別人對他們「不公平」。他們晚上躺在床上告訴彼此，自己會說什麼話辱罵別人。他們試著在不健康的氣氛裡入眠，卻怎麼樣也得不到良好的休息。

莫理斯真的接受了信心的觀念，從來沒有任何觀念像「信心」這樣抓住他的注意力。當然，他的反應很微弱，因為他的意志十分紛亂。起初，因為長期消極的思維習慣，他無法用任何的能力和力氣進行思考。但他不顧一切地堅持：如果你有「像芥菜種那麼大的信心，沒有什麼是不可能的」。他努力汲取信心。當然，他所擁有的信心容量，隨著付諸行動而逐漸增加。

有天晚上，他走進廚房，妻子正在洗碗。他說：「每星期天在教會時比較容易有信心，但我無法一直維持這種信心。我想，如果在口袋裡放一粒芥菜種籽，那麼當我軟弱時，就能感受到它的存在，就能幫我保有信心。」接著他問妻子：「我們家有沒有芥菜種籽？還是只有《聖經》裡提過這種東西？現在還有芥菜種籽嗎？」

妻子笑著說：「我的泡菜罐裡就有一些。」

她拿出一粒給他。「你不知道嗎？莫理斯。」他太太說：「你不需要一粒真實的芥菜種籽，那只是象徵性的想法。」

「我不知道。」他回答：「《聖經》裡說芥菜種籽就是我要的，或許我需要這個象徵來得到信心。」

他看著手中的芥菜種籽，驚訝地說：「這就是我需要的信心——只像這小小的芥菜種籽這麼小嗎？」他拿著它一會兒，然後放進口袋裡，說：「白天時，我可以用手指頭摸它，它會幫助我保持信心。」但因為芥菜種籽很小，他把它弄丟了。於是，他從泡菜罐裡再拿一粒，可是又弄丟了。有一天，他口袋裡的芥菜種籽又掉了，這讓他突然想到，為什麼不把芥菜種籽放在塑膠球裡？如果把球放在口袋或掛在錶鏈上，就可以隨時提醒他：若是他有「像芥菜種籽那麼大的信心，沒有什麼是不可能的」。

他請教一位可能是塑膠業專家的人，問他如何把芥菜種籽放進塑膠球裡，而且不會有氣泡。那位「專家」說不可能，因為沒有人那麼做過。這當然不算是什麼好理由。

這時，莫理斯已有足夠的信心，也相信只要有信心，「即使只有芥菜種籽那麼大」，就可以把種籽放進塑膠球裡。於是，他自己動手，試了幾週終於成功。他做了幾個飾品：項鍊、胸針、鑰匙鏈、手鐲等寄給我，都很漂亮，每樣飾品均閃耀著半透明的球，裡頭則有一粒芥菜種籽；每個飾品都附一張卡片，印了「芥菜種籽提醒物」，卡片上也印了使用方法，說明芥菜種籽可提醒帶著它的人**「只要有信心，沒有什麼是不可能的」**。

他問我，這些飾品是否能變成商品。我不是這方面的專家，便拿給葛麗絲・奧斯樂（Grace Oursler，《*Guideposts*》雜誌的顧問）看。她又把飾品拿給我們的朋友華特・賀文（Walter Hoving）看，賀文是Bonwit Teller百貨的總裁，是位很不起的經理人，他立刻看出這個商品的發展性。

幾天後，當我在紐約報上看到一則兩欄廣告，上面寫著「信心的象徵——一粒真正的芥菜種籽包在閃亮的玻璃裡，是個含有深意的手鐲」。實在讓我非常驚訝及高興。廣告上還印了《聖經》的話：「你們若有信心像一粒芥菜種……你們沒有一件不能做的事了。」（馬太福音17:20）這些飾品像剛出爐的蛋糕那麼搶手，全國有數百家百貨公司和商店都在熱賣，而且供不應求。

莫理斯夫婦在中部某城市有座工廠，專門製造芥菜種籽提醒物。很奇怪吧，一個失敗者去做禮拜，聽到《聖經》的一句話，竟然創造出龐大的事業。下次你去做禮拜時，最好聚精會神地聽道與讀經，或許也能得到好點子，如此不只能重建人生，也能重建事業。

在這個例子中，信心創造出事業，製造並銷售幫助成千上萬人的產品，十分受歡迎又非常實用，其他人也跟著模仿，但莫理斯的芥菜種籽提醒物是首創商品。被這些小飾品而改變生命的故事，是這一代最浪漫的屬靈故事，這對莫理斯夫婦造成的影響——包括生活的改變、個性的重建、人格特質的發揮，都是信心讓人振奮不已的實例。他們不再消極行事，而是變得更積極了。他們不再感到挫折，因為他們成功了。他們不再心存怨恨，他們克服了忿怒，內心充滿了愛。他們彷彿有了新的生命、新的外貌以及對自己的自信。

如果你去問莫理斯夫婦如何適當地解決問題，他們會告訴你：「要有信心——真正的信心。」相信我，他們確實了解這點。在讀這個故事時，如果你反駁（這就是消極心態）說：「莫理斯夫婦不像我這麼慘。」那麼我可以告訴你，我很少見到情況像他們那麼糟的。更進一步說，不論你的狀況有多危急與絕望，如果你願意使用本章說明的四種方法，也能適時解決問題，就像莫理斯夫婦一樣。

向上思考力　如何妥善解決問題？

現在我列出十個簡單建議，做為用來廣泛解決問題的一整套方法。

1. 相信每一個問題都有辦法解決。

2. 保持冷靜，緊張只會阻擋思緒的流通。大腦在壓力之下無法有效運作，所以請輕鬆看待自己的問題。
3. 不要勉強找出答案。放鬆心情，才能清楚呈現出解決方法。
4. 公正、客觀、縝密地收集所有事實。
5. 把這些事實寫在紙上。這會幫助你整理思緒，把不同因素整理成井然有序的系統。你一邊看，一邊思考，問題會比較客觀，而不會太主觀。
6. 為你的問題禱告，確認上天會在你心裡閃現靈光。
7. 相信並尋求上天的指引，這是根據《聖經．詩篇》第七十三篇的約定：「你要以你的訓言引導我。」
8. 信任自己的洞見與直覺。
9. 到教堂做禮拜，一邊讓自己與崇拜的氛圍變得一致，一邊在潛意識裡思考問題。創造性的心靈思考具有得到「適當」答案的驚人力量。
10. 如果你確實遵循這些步驟，那麼在你心中逐漸顯現或一閃而逝的答案，就是針對問題的解答。

16 信仰療法——握在你手上的醫療資產

宗教信仰是療癒的重要因素嗎？有重要證據顯示確實如此。就個人經驗而言，我曾有段時間不相信這種說法，但現在我相信了，而且十分確信。因為我看過太多證據，讓我不得不信。

我們已經慢慢理解，適度了解並使用信仰，是克服疾病及擁有健康的重要因素。許多醫界人士也都同意我的看法。例如，維也納知名外科醫師漢斯・芬斯特爾（Hans Finsterer），他來美國訪問時，報紙的標題是「享譽國際的外科醫師『受上天的指引』」。

維也納醫師漢斯・芬斯特爾相信「上天的看不見的手」會幫助他完成手術，他被國際外科醫師學會（International College of Surgeons）授與最高榮譽「外科手術大師」，該學會表揚他在進行腹腔手術時只施行局部麻醉。

這位七十二歲的維也納大學教授，已動過超過兩萬次以上的重大手術，其中有八千次胃部切除手術（切除部分或全部的胃）只使用局部麻醉。芬斯特爾說，雖然醫學和外科手術在過去幾年已有長足的進步，「但所有的進步仍不足以保證每次手術都會有滿意的結果。在許多情況下，看來簡單的手術，病人卻死了。而有某些案例，外科醫師已經放棄，病人卻得以復原。某些同儕認為，這都是無法預測的運氣，其他人則相信，在那些棘手的案例裡，他們的努力得到上天看不見的手的協助。可惜，近年來，病人與醫師都失去了『萬事皆取決於上天旨意』的信念。當我們再次確信上天對人類的重要，尤其是對治療病人的幫助，病人的康復才會有真正的進展。」

這是關於一位結合科學與信仰的卓越外科醫師的報導結語。

信仰發揮療癒力的實例

我曾在創意廣告行銷產業領袖的全國大會中演講。這個產業是美國商界極重要的一環。共進午餐時，大家都在討論稅賦、成本提高及各種商業議題。

某個公司負責人問我：「你相不相信信仰有療癒力？」我感到很訝異。

「有許多例子指出，人們被信仰治療。」我回答：「當然，我不認為光靠信仰就能治療生理疾病。我相信，必須結合上天與醫師的能力。**同時使用醫療科學與信仰科學，這兩者都是療癒過程的重要因素。**」

「讓我告訴你我的故事。」那個人繼續說：「幾年前我生病了，我得了顎骨良性骨瘤，那是種長在顎骨上的腫瘤，醫師說無法治癒。你可以想像我有多痛苦，我拚命尋求幫助。雖然我滿常上教堂做禮拜，但不算是有信仰的人，我幾乎不讀《聖經》。有一天，我躺在床上，忽然很想讀《聖經》，便叫妻子拿給我。她很訝異，因為我從來沒這麼要求過。」

「我開始讀經，並得到慰藉與舒適的感受，也感覺比較有希望，沒那麼沮喪。我每天持續長時間地讀經，但那不是主要的結果。而是我開始注意到，過去讓我感到困擾的問題，變得不那麼令人苦惱了。起初，我以為這只是我的想像，後來，我確信自己有了某些改變。」

「有一天，我在讀《聖經》時，內心產生一股奇妙的暖意與高度的快樂，它很難描述，我已不再試圖解釋那種感覺了。從那時起，我的健康有了驚人的進展。我去找最初負責診斷的幾位醫師，他們仔細檢查後感到十分驚訝，也同意我的病情已經有所改善。但他們警告我，這只是暫時性的緩解現象。然而，在我做了更多檢驗，確定良性骨瘤已完全消失，醫師還是告訴我，腫瘤有可能會復發。但我一點都不擔心，因為我明白，我已經康復了。」

「你康復至今有多久了？」我問。

答案是：「十四年。」

我仔細端詳眼前這個人，他看來強壯、結實、健康，是這一行裡的佼佼者。這件事是一位商人以描述事實的方式告訴我的。他心裡沒有懷疑。真的，他怎麼會懷疑呢？雖然他曾被認定瀕臨死亡，然而現在的他生龍活虎。

是什麼造成他的轉變？是醫師高明的醫術及另一個要素，至於另一個要素是什麼？顯然是信仰發揮了療癒力。

這位男士描述的療癒過程，只是許多類似報告之一。這些報告都經過嚴謹的醫學證明而被證實。

看來，我們必須鼓勵大家在治療中，利用信仰的奇妙力量。可惜的是，信仰的療效始終被忽略。我很確定，信仰可以，也的確有我們稱為「奇蹟」的功效，事實上，那就是屬靈科學法則的運作。

病到讓身體也生病的靈魂

現代宗教事務有個逐漸受到重視的觀點，即幫助人們醫治精神、內心、靈魂及身體的疾病。這是回歸基督教最初的功能。人類一直到了近代，才忽略過去幾世紀以來宗教具有療癒效果的事實。「pastor」（牧師）這個字是源於「療癒靈魂」這個字，然而現代人卻錯誤地假設，《聖經》的教誨不可能與「科學」共存，因此宗教的療癒功能被唯物科學所揚棄。如今，宗教和健康的緊密關係已逐漸為人所知。

極富深意的是，「holiness」（神聖）這個字源於「wholeness」（整體），而通常具有宗教性意義的「meditation」（冥想），與「medication」（藥物治療）的字根極為相近。當我們領悟真誠地冥想上天及祂的真理，可做為療癒靈魂與身體的藥物，這兩個字的關係就十分清楚了。

當代醫療強調身心在療癒過程中所扮演的角色，因此致力於研究精神狀態與身體健康的關係。現代醫學也了解並考慮到思維與身體之間的關連。宗教處理的是思維、感受與基本態度，因此信仰的科學在療癒過程中所扮演的角色也很重要。

劇作家哈洛・夏曼（Harold Sherman）曾受邀修改一篇很重要的廣播劇本，對方承諾會與他簽約成為長駐作家。但他在工作幾個月之後被解雇了，而他的作品仍然被對方拿去使用，而且沒有註明是出自他的手筆。他不只陷入財務困境，也感到被嚴重羞辱。這件不合理的事始終讓他耿耿於懷，也讓他益發憎恨失信於他的電臺經理。

夏曼說，這是他此生唯一一次真的很想殺人。這個仇恨影響了他的生理狀況，導致他罹患黴菌病（mycosis），造成喉嚨感染。他得到很好的醫治，但仍需要一些其他東西。當他放棄了怨恨，培養寬恕和諒解的心態後，病情便逐漸好轉。靠著醫藥科學與全新的心態，他的病痊癒了。

要得到健康及快樂，有個既合理且有效的方法，就是充分使用醫藥科學的技巧，同時也使用心靈科學的智慧、經驗與手段。

目前已有強而有力的根據證明，上天透過科學工作者（醫師）及信仰實踐者（牧師）發揮祂的功力。許多醫師都很認同這點。

在一次扶輪社的午餐會上，我與九個人同桌吃飯，其中有位剛從陸軍退役的執業醫師說：「自從退役以來，我發現病人的問題與軍中不同，其中有很高的比例不需要醫藥治療，而是需要更好的思維模式。他們身體的病，不如思維及情緒的病那麼嚴重，他們被恐懼的念頭、自卑、內疚及怨恨給搞混了。」

「我發現，若想治療他們，必須身兼內科醫師及精神科醫師，而且，光是那些療法還不足以讓我做好工作，我發現很多病人的基本問題來自於心靈。因此，我經常對他們引用《聖經》的話，後來我養成習慣，就是列一份宗教及勵志書的清單，尤其是指導人們如何生活的書做為處方。」

他對我說：「現在，牧師應該開始了解，你們必須在治療人這方面發揮功能。當然，你們不能妨礙醫師的工作，就像我們不會干預你們。醫師確實需要與牧師合作，幫助病人找回健康和幸福。」

我收到來自紐約州某市鎮醫師的來信，他說：「這個鎮有百分之六十的人生病，因為他們在心智和靈魂方面嚴重失調。我很難理解，現代人的靈魂竟然會病到讓器官生病的地步。」他繼續說：「我猜過不了多久，牧師、神父及拉比將會了解這其中的關係。」

那位醫師還說，他要病人讀我的《信心的生活指南》以及其他類似的書籍，病情都有明顯的改善。

阿拉巴馬州伯明罕市某家書店的經理，寄了張該市醫師開的處方箋給我，內容不是要病人在藥房買藥，而是到她的書店買書。醫師為不同問題開列不同的書單做為處方。

我很高興能跟密蘇里州堪薩斯市傑克森郡醫學學會前會長、醫學博士卡爾・R・法利斯（Carl R. Ferris）一起參加廣播節目「健康與快樂」。他說，他在治療病人的病痛時，發現**生理和心理密切相關，兩者之間沒有清楚的界線**。

許多年前，我朋友克藍絲・W・李伯（Clarence W. Lieb）醫師向我解釋心靈與精神問題對健康的影響。透過他的說明，我開始了解，恐懼、內疚、怨恨和忿怒等，我還在對付的問題，常與健康及生理狀況有密切關連。李伯醫師深信一種療法，他與史邁里・伯蘭頓醫師在紐約的 Marble Collegiate 教會開辦宗教─精神科診所，這些年來已幫助數百位病人。

我曾與已故的威廉・西門・班布吉（William Seaman Bainbridge）醫師在宗教及外科手術方面密切合作，帶給許多人健康與嶄新的生活。

我在紐約的兩位醫界好友——Z・泰勒・柏可維茲以及霍爾・維斯考特（Howard Westcott），他們對身體、心理及靈魂的疾病，與信仰之間的關係，既有科學智慧，又有心靈方面的深刻理解，對於我幫助教會成員有極大的助益。

「我們發現，因精神壓力引起的高血壓，來自某種細微、難以描述、被壓抑的恐懼——恐懼某些可能會發生的事，而不是已經存在的事。」雷貝卡・畢爾德（Rebecca Beard）醫師說：「他們都是恐懼未來的事。就這點而言，那些恐懼都是想像出來的，因為它們可能永遠都不會發生。在糖尿病方面，我們發現憂傷或沮喪，比其他情緒消耗更多能量，並持續耗損胰島素，直到負責製造的胰臟細胞報廢為止。」

「我們發現，這些情緒都與過去的經驗有關，他們再一次經歷了過去，使得生命無法向前邁進。醫藥可以減緩病症，讓病人在血壓高時使用藥物來降低血壓，或是在血壓低時使用藥物來提高血壓，但這麼做並無法真正解決問題。病人可以用胰島素來治療，將體內的糖分轉化為能量，緩解病人的症狀。這些當然都很有幫助，但無法完全根治疾病。目前沒有任何藥物或疫苗，可讓人避免因情緒衝突而產生的疾病。深入了解自己的情緒，並回歸宗教信仰，或許是幫助每個人的最具希望的組合。」

畢爾德醫師的結論是：「答案，就在耶穌關於療癒的教誨裡。」

醫藥與信仰療法的結合

另一位能幹的女醫師寫信給我，描述她結合醫藥與信仰療法的進展。

我開始對你簡單易懂的宗教哲學產生興趣。過去，我的工作步調一直很快，總是緊張而急躁，有時也會因長期的恐懼及內疚而感到困擾。事實上，我需要從不正常的緊張中解脫。在一個情緒低落的早上，我拿起你的書開始閱讀。這就是我需要的處方！上天這位偉大的醫者就在這裡，對祂的信仰便是可用來殺死恐懼病菌、讓內疚的病毒失去活力的抗生素。

我開始實踐書中的基督教原則，漸漸沒有那麼緊張了，覺得既輕鬆又快樂，而且睡得很好，我不再服用維他命及提神藥丸。

後來，我開始跟病人分享這些經驗，他們是因為精神官能症而前來求診。我驚訝地發現，有那麼多人讀過你的書及其他的書，他們似乎跟我都有同樣的問題與改變。這是很有收獲的經驗。討論對上天的信心變得很自然，也很容易。

身為醫師，我見過不少獲得神的幫助而奇蹟痊癒的例子。在過去幾週裡，我又多了一個。大約在三週前，我妹妹必須進行一連串的手術。她在手術後有腸阻塞的問題，到了第五天，狀況變得很嚴重。我在中午離開醫院時，了解到她的病情必須立刻好轉，否則復原機率將十分渺茫。我十分擔憂地慢慢開車轉了二十分鐘，禱告她的腸阻塞能夠解決（所有醫療能做的事都做了）。我到家不到十分鐘，電話就響了。負責照顧的護士說，她的腸阻塞已經消失了，確實在好轉中。從那時起，她完全康復了。若不是上天的介入救了她一命，還有其他解釋嗎？

這是一位成功醫師寫的信。

基於嚴格且眾所周知的科學態度所建立起來的論點，使我們確定使用信仰治療疾病的效果十分可靠。如果我不是真心相信這有助於治療，絕不會發表本章裡的觀點。我收到了許多讀者、廣播節目聽眾及教區民眾提供信仰有助於治病的經驗，也仔細而慎重地查證這些報告，才讓我確信其真實性。我也想告訴高度懷疑的人，許多證據已顯示了確實有得到健康、快樂和成功人生的方法，只有在潛意識裡期待失敗、不想痊癒的人，才會忽視這些經驗所顯示的、獲得健康的可能性。

簡而言之，所有例子都在說明這個方法：**使用醫藥及心理科學的一切方法，並結合心靈**

科學的資源。這種組合式療法，能帶來健康及幸福——如果在上天的計畫中，祂希望病人存活下去的話。當然，生命總有結束的一天（生命本身永遠不會結束，只有在世上的生命才會結束）。

臣服於上天的療癒力

所有我分析過的成功案例，都存在某些要素。

首先，必須全心全意接受上天，向祂臣服。

其次，放下一切錯誤及任何形式的罪，渴望靈魂得到洗滌。

第三，相信並信任結合醫療科學與上天療癒的整合療法。

第四，真心接受上天給的答案，不論答案是什麼，都不會對祂的旨意感到生氣或怨恨。

第五，徹底且毫不懷疑地相信上天能治癒疾病。

這些案例都提到感受到某種興奮與亮光，並確信有股穿透全身的力量。我所查證到的不同案例，幾乎每位病人都提及有一刻感受到溫暖、熱度、美麗、平靜、喜悅及放鬆。有時它是突然出現的，有時則是逐漸展現出療癒正在發揮作用的信心。

我在調查這些案例時，都會觀察一段時間，確認療癒的效果是永久的。我報導的案例都不是短暫痊癒，因為體力恢復也可能造成暫時性的康復。舉例來說，請容我引述某位女士寫信告訴我的經驗，我非常信任她的判斷與可信度。這個案例描述得很詳盡，也很科學。這位女士被告知必須立刻開刀切除惡性腫瘤。

我引用她的話如下：「所有預防性治療都做了，症狀卻再度復發。可想而知，我嚇壞了。我知道，再多治療也沒用，已經沒希望了。我向上帝求救。我自小就虔誠相信上帝，透過禱告，我明白上帝的知識及其療癒基督對我也有幫助。我認同這種想法，並把自己交託在祂手中。」

「有一天早上，就像平常一樣，我祈求上帝的幫助，然後花了一天處理繁重的家務事。當我獨自在廚房裡準備晚餐時，發現室內出現不尋常的亮光，身體左側感到一股壓力，好像有人離我很近。我聽說過療癒的事，也知道有人為我禱告，因此，我確信跟我在一起的必然是療癒基督。」

「我決定等到隔天早上再確認症狀是否消失，反正到時候就知道了。次日早晨，身體的改善情況如此明顯，我完全不再擔心了。我很確定並告訴朋友說，療癒確實發生了。」

「關於那次療癒及基督存在的經驗，我至今仍記憶猶新。那是發生在十五年前的事。我的健康狀況持續改善，直到現在都十分良好。」

對許多心臟病案例來說，信仰療法（對耶穌基督寧靜而平和的信心）毫無疑問的也能發揮療效。經歷「心臟病發作」的人，如果全然信任基督療癒的恩典，並遵守醫師交代的生活規範，都會奇蹟似地復原。這些人或許會比發病前更健康，因為他們知道自己的限制，了解到以往將太多壓力加諸在自己身上，現在則會保留精力。

更重要的是，病人學到獲得幸福最重要的方法，就是臣服於上天的療癒力。要做到這點，必須**有意識地想像自己有股重生的力量，將內在與創造性過程連結在一起**。病人必須向宇宙中的生命浪潮及重生能量打開自己的意識，這是與生俱來的，卻因緊張、高壓及悖離幸福法則，而與生命能量產生阻隔。

大約在三十五年前，有位傑出人士心臟病發，被告知再也不能工作，醫師囑咐他大部分時間都得躺在床上，日子恐怕也不多了，而且會終生殘廢。聽了關於未來的悲慘預言，他開始審慎地考慮。

有天早上，他起得很早，拿起《聖經》時，偶然（是偶然嗎？）翻到一段耶穌療癒病人的故事。當他讀到：「耶穌基督，昨日、今日、一直到永遠，是一樣的。」（希伯來書13:8）便想到：如果耶穌在很久以前可以，也確實治癒過人，如果祂是永恆不變的，為什麼現在祂無法療癒病人？

「為什麼耶穌不能療癒我？」他問道。頓時，信心充滿了他。

憑著簡單的信心，他祈求主耶穌治療他。他似乎聽到耶穌說：「你信我能做這事嗎？」

他的回答是：「是的，主啊，我相信祢能。」

他閉上眼睛，「似乎感覺到基督的療癒觸碰他的心」。那天，他有種奇怪的舒服感。過了幾天，他確信體內升起一股持續不斷的力量。他禱告說：「主啊，如果這是祢的旨意，明天早上我要打扮好出門。幾天之內，我要回到職場。我把自己完全交託給祢。如果明天我因增加的活動而死，我要為自己曾經有過的美好日子而感謝祢。靠著祢的幫助，我明天要出門，祢一整天都將與我同在。我相信我有足夠的力氣，但若是我因此死去，我將永世與祢同在。不論我是否會死，結局都很美好。」

帶著平靜的信仰，他逐日增加活動量。後來，他每天都這樣充滿信心地工作，直到退休為止，這時距離他心臟病發已經過了三十年。他在七十五歲那年退休。在我認識的人裡面，他是少數精力充沛、對人類有極大貢獻的人。他有個從沒改變的習慣，就是午餐後躺下來休息一會兒。他不讓自己承受壓力，早睡早起，過著嚴謹規律的生活。

在他所有的活動之中，沒有擔憂、怨恨和緊張。他很努力，但輕鬆地工作。

他的醫師是對的。如果他按照以前的習慣過下去，可能早就死了，或至少變成殘廢。醫師的說法，讓他思考基督的療癒力可以發揮作用。若沒有那次的發作，他也不會在心理或心靈上準備好接受治療。

另一位有名的商界友人在心臟病發作後，躺在病床上長達數週。現在，他又承擔了重責大任，需要完成的工作跟過去一樣多，但壓力卻減少了。他似乎有種嶄新的、以前沒有的能量。他遵照一種針對健康的科學與心靈方法而康復。他有很好的醫師，並嚴格遵守醫師的指示，這是很重要的原因。

除了醫學治療，他還使用心靈療法。他在醫院裡寫信告訴我：「有位很親近的朋友才二十五歲，一樣因為心臟病發而被送到醫院，不到四小時就過世了。我認識的另外兩個人也有類似的遭遇（他們住在我附近的病房）。我還有很多事沒做，得回去接受更多的挑戰，也希望在經過這次以後，能活得更久，更豐富。醫師很棒，護士很偉大，醫院很理想。」

接著，他把復原期間使用的心靈法則要點記下來。這個方法分成三部分：

一、第一階段需要完全休息，根據《詩篇》作者的訓示：「你們要休息，要知道我是神。」（詩篇46:10）也就是說，他在上天手裡完全地放鬆與休息。

二、當病情有所進步時，使用肯定句：「要等候耶和華，當壯膽，堅固你的心。」（詩篇27:14）病人把他的心託付給上天，上天把療癒的手放在他的心上，並使它復原。

三、最後，隨著力氣恢復，也有了新的確認感與自信心後，用這樣的肯定句來表達：「我靠著那加給我力量的，凡事都能做。」（腓利比書4:13）他用這句話明確地確認，他的力氣是來自基督的授予，因此得到新的力量。

這個人透過三階段法得到治療。醫師的照護保存並激發了他自身的療癒力，再加上他智慧地運用信仰，激發與生俱來的心靈力量，才能完全康復。**這兩種療法結合了生命中兩種偉大的復原力，一是人體的復原力，一是心靈的復原力；**一個是醫藥治療，一個是信仰治療，兩者皆受到上天的引導。祂創造了身體與心靈，也建立了管理身體與心靈健康及幸福的方法。「我們生活、動作、存留，都在乎他。」（使徒行傳17:28）

預防疾病、治療心靈及身體時，不要忽略了你擁有的最大資產——具有療效的信仰。

向上思考力

讓身心疾病獲得紓解的建議

依據本章說明的原則，當你所愛之人或自己生病時，能做些什麼具有建設性的事？以下是八個實用的建議：

1. 根據某位知名醫學院院長的建議，他說：「生病時要找醫師，也要找牧師。」換句話說，你必須相信治病時心靈力量和醫療技術同等重要。
2. 為你的醫師禱告。你必須知道，上天利用受過訓練的媒介來幫祂施展療癒力。就像某位醫師所說的：「我們負責處理病人，上天負責療癒病人。」因此，祈求醫師成為上天療癒恩典的暢通管道。

3. 不論做什麼都不必緊張或恐懼，否則會向所愛之人釋放出負向、具有破壞性的念頭。此時他需要的是具有療效的正向想法。

4. 記住，上天行事均符合《聖經》揭示的律法。同時記住，我們所知的少數唯物法則，其實只是充塞於宇宙偉大力量的一小部分。心靈法則也能規範疾病。上天對各種疾病做了兩種安排：一是透過科學使用的自然法則，一是透過信仰使用的心靈法則。

5. 把所愛之人交託給上天。因著你的信仰，可以讓他被聖靈包圍並得到療癒，但若要信仰發揮效果，病人必須全然接受上天的旨意。這點很難理解，也很難確實做到。事實上，如果你希望所愛之人能活下去的心願，能結合同樣強度、將他獻給上天的意願，療癒力就會奇妙地開始啟動。

6. 家庭和諧（亦即心靈和諧）也很重要。記住《新約．馬太福音》（18:19）所強調的：「若是你們中間有兩個人在地上，同心合意的求什麼事，我在天上的父必為他們成全。」不和諧與疾病顯然有關。

7. 在心裡描繪所愛之人已經康復的圖像。想像他健康良好，洋溢著上天的愛與仁慈。心智會引發疾病，甚至是死亡。但是，心智有十分之九藏在潛意識裡。讓健康的圖像進入潛意識，存在於潛意識裡的強大心智會散發出光照般的健康能量。我們的潛意識相信什麼，就會得到什麼。除非你的信仰能控制潛意識，否則你得不到任何好的結果。潛意識只會對你真正相信的事做出回應。如果你真心相信負向的事物，結果就是負面的；如果你真心相信正向的事物，就會得到正面的療效。

8. 務必順其自然。祈求上天治癒你所愛之人，那是你全心希望的，所以，請求上天治癒你所愛之人。建議你只要說一次拜託，然後，在禱詞裡感謝祂的仁慈。這個肯定的信心將有助於釋放深度的心靈力量，也會讓自己因確認了上天的慈愛照顧而喜悅。記住，喜悅能支持你，而它本身就具有療癒的力量。

17 如何利用高層力量

四位男士打完高爾夫球後，坐在鄉村俱樂部的更衣室，話題從剛才的比賽分數轉到個人的困難。

其中有個人看來特別喪氣，其他朋友就是發現了他的沮喪，才安排這次的球賽，讓他不致於繞著個人問題打轉，他們希望這球賽能緩解一下他的心情。

比賽結束後，他們坐成一圈，開始提供各種建議。最後有人起身離位，他了解什麼是困境，因為他也有很多問題，但他發現了最重要的答案。他有點猶豫地站起來，然後將手放在那位朋友的肩上，說：「喬治，希望你不要覺得我是在教訓你，真的，我並不是要教訓你。但我想給你一點建議，這是我自己克服困難的方法，如果你照著做的話，它真的很有效，那就是──『你為什麼不利用高層力量？』」

他用力地往朋友的背上拍了一下，然後離開了。其他人坐在那兒，思索著這句話的意思。最後那個失意的人慢慢地說：「我知道他的意思，我也知道高層力量是什麼。我只希望知道該如何使用這個力量，我真的很需要。」

過了一段時間，他發現利用高層力量的方法，進而改變了他的一切。現在，他是個健康快樂的人。他在俱樂部裡得到的建議真的十分明智。今天有許多人因不快樂或沮喪，害得自己什麼事都做不了，其實他們不必讓自己陷入這種處境，真的不必。解決的祕訣，就是使用高層力量。但是，到底該怎麼做呢？

你「太努力」了嗎？

讓我分享我的經驗。

我年輕時，曾被徵召到某大學校區的大型教會服務，那裡有許多會眾都是該所大學的教授，也是當地的領袖人物。我想向提供這個難得機會給我的人，證明他們對我的信心，因此工作非常賣力，結果讓自己的情緒過度緊張。

每個人都應該努力工作，但過度嘗試或擠壓自己到這種程度，絕不是什麼美德，而且只會降低效率。這有點像打高爾夫球時的揮杆，當你想「殺」球時，必須輕輕揮杆，工作也是如此。我逐漸感到疲倦而緊張，對於一般正常的力量，也沒有任何感覺。

有一天，我決定拜訪已故的休・提若（Hugh M. Tilroe）教授，他是絕佳的老師，也是優秀的釣魚高手及獵人。他是戶外型的人，我知道，若是他不在學校，就是在池塘釣魚，而且我敢說他一定在釣魚。他在我靠近岸邊時叫道：「魚咬住餌啦！快點！」我爬上小船，跟著他一起釣了一會兒的魚。

「孩子，發生了什麼事？」他以理解的語氣問我。

我告訴他，即使我努力地工作，還是十分緊張。「我一點都沒有高昂的感受或力量。」

他咯咯笑了起來：「或許你太努力了。」

當小船摩擦到岸邊時，他說：「跟我進到船屋裡。」等我們進了船艙，他命令我：「躺在那張沙發上，我唸點東西給你聽。在我找到想要引述的段落前，閉上眼睛，放輕鬆。」

我照著他的話做，心想他大概會唸些哲學或有趣的文章，沒想到他說：「找到了。在我唸的時候，請你靜靜地聽，讓這些話語滲入內心。『你豈不曾知道嗎？你豈不曾聽見嗎？永在的上帝耶和華，創造地極的主，並不疲乏，也不困倦；他的智慧無法測度。疲乏的，他賜能力；軟弱的，他加力量。就是少年人也要疲乏困倦；強壯的也必全然跌倒。但那等候耶和華的必重新得力。他們必如鷹展翅上騰；他們奔跑卻不困倦，行走卻不疲乏。』」（以賽亞書40:28~31）然後他問我：「你知道我唸的是什麼嗎？」

「我知道，是以賽亞書第四十章。」我回答道。

「我很高興你知道這是《聖經》的內容。」他繼續說：「那你為什麼不照著做呢？現在放輕鬆，深呼吸三次，慢慢吸氣、吐氣……。練習讓自己躺在上天的懷裡，練習倚靠祂的支持與力量。相信祂能給你支持與力量，千萬不要離開這個力量，讓自己屈服於它，讓它流遍你的全身。」

「把所有工作都交出來。**你當然必須做這些工作，但必須是以輕鬆、容易的態度去做**，就像大聯盟的打擊手一樣。他看起來很輕鬆地揮棒，不想把球打出公園，只是盡全力，並相信自己的能耐，因為他知道自己還保留了許多力氣。」然後他重複唸了那個句子：「但那等候耶和華的必重新得力。」

那已經是很久以前的事了，但我永遠不會忘記這個教訓。他教導我如何使用高層力量，並且相信我。這個建議真的很有效，我持續根據他的建議做，這二十多年來，直到今天，這個方法從來沒讓我失望過。我的生活總是被各種活動給填滿，但這個力量法則，讓我永遠擁有所需的力量。

有上天的引導，你根本沒有理由會失敗

第二個使用高層力量的方法，就是學習以正向、樂觀的態度面對問題。當你在支配信心

的強度比例時，就會得到符合處境所需的力量。「照著你們的信，給你們成全了吧！」（馬太9:29）是成功人生的基本法則。

這世上有一種高層力量，而這個力量可以為你做任何事，利用它、親身經驗它偉大的助力。如果你能自在地使用這個高層力量，為什麼還會失敗呢？說清楚問題是什麼，然後尋求具體的解答。相信你一定能得到答案；相信現在透過上天的幫助，你就可以得到力量，克服你的困難。

有位男士與妻子面臨重大問題而向我求助，這位先生過去是雜誌編輯，在音樂界及藝術圈赫赫有名。他的親切與和善，讓每個人都喜歡他，至於他的妻子，也同樣受人尊敬，但她的健康狀況很差，導致後來他退休到鄉下，過著半與世隔絕的日子。

這位男士告訴我，他曾心臟病發作兩次，其中一次相當嚴重。至於妻子的健康，則是每況愈下，讓他非常擔心。他說自己的問題是：「我是否能掌握某些力量，幫助我們恢復身體健康，得到新的希望、勇氣與力量？」他形容那時正處於一連串的失志與挫敗中。

老實說，我覺得他是那種有點世故、不太容易接受並使用簡單信仰的人——就算信仰可以讓他恢復健康。我告訴他，我很懷疑他是否有足夠的能力可以根據基督教的教義，來實踐簡單的信仰，好打開力量的泉源。

但他向我保證，他會誠心誠意地打開心胸，遵照我提供的指示。我看到他的坦誠，以及靈魂本質對他此後的影響。我給了他最簡單的處方，他開始閱讀《新約》及《詩篇》，直到內心充滿這些內容。我還給了他一個有點難度，但頗為常見的建議，希望他能夠記住，就是**將生命交在上天手中，**相信上天會讓他與妻子充滿力量，如此他們會**堅信自己的生命是被上天所引導的，就算最普通的細節也一樣。**

他們也會相信，若是他們與醫師——我剛好認識並尊崇這位醫師——充分合作，耶穌基督的療癒恩典就會臨到他們身上。我建議他們，當這位醫師治療他們時，可以同時想像祂的療癒力量。

我很少見到有人像這對夫婦一樣，以純真如孩童的心態信仰上天，而且是全心全意地倚靠祂。他們熱衷閱讀《聖經》，經常打電話告訴我，他們發現的「某些奇妙的訊息」，以及許多有關《聖經》真理的新穎洞見。與這對夫妻合作，是個充滿創意的過程。

次年春天，那位妻子說：「我從來沒經歷過如此美妙的春日時光，今年的花是我看過開得最美的一次，而且我注意到，天上的雲朵有著特別突出的形狀，日出與夕陽的色彩也特別精采。今年的葉子特別綠，而且我從來沒聽過鳥叫的旋律如此迷人。」當她告訴我這些事時，臉上閃耀著動人的光采，我知道她的心靈已經重生，身體開始恢復健康，重拾比過去更強大的能力。她原本富有創造性的力量再次開始流動，而生命也有了新的意義。

至於那位男士，他的心臟沒有問題了，在身、心、靈方面展現的活力，在在顯示出無與倫比的生命力。他們搬到新的社區，成為那裡的核心人物，無論他們走到哪裡，都會接觸到擁有獨特向上力量的人。

他們發現了什麼祕密？簡單地說，他們學會了如何運用高層力量。

那些人類史上最不可思議的奇蹟

這個高層力量是人類史上最不可思議的事實。無論我看過它多少次以全面而龐大、勢不可擋的姿態，永遠改變了人們的生命，我對它仍舊充滿了敬畏。

我對高層力量能為人帶來什麼，十分感興趣，因此很不想結束本書。那些因掌握這種力量而擁有新生命的人與故事多得不得了，我可以不停地引述。這種力量是隨手可得的，只要你打開它，它就會如強大浪潮般一湧而上。無論是為了任何人，在任何情況或條件下，它一直都在那裡。這股驚人的流動力可以驅使眼前的任何事物，讓你拋棄恐懼、憎恨、疾病、軟弱及道德瑕疵，將它們化為烏有，好像它們從來不曾碰觸你，讓生命充滿健康、快樂與善行而獲得更新，並重新得力。

許多年來，我一直對酗酒問題很感興趣，也參與知名團體匿名戒酒會（Alcoholics Anonymous）的工作。他們的基本原則，就是在幫助某人戒酒之前，對方必須了解自己有酒精成癮的問題，並對此束手無策；他自己沒有能力解決；他被徹底打敗了。當他接受這些觀點，就能接受其他有酒癮的人，以及高層力量——上天的幫助。

匿名戒酒會的另一個原則，就是願意倚賴每個人的能量泉源——高層力量，而這樣的能量是他沒有的。高層力量在人們身上所做的事，是世上最動人、最激勵人心的事實，沒有任何力量可與之相提並論。物質主義力量的成就很浪漫，人們發現法則、公式及約束的力量，並以此開啟偉大的事業；同樣的，心靈力量也必須遵循法則。想在人性的領域掌控這些法則以製造奇蹟，要比任何形式的機制來得複雜。要讓機器運轉正確是一回事，要讓人的本性運轉正確則是另一回事。這需要更高超的技巧，但絕對可以做到。

有一天，我坐在佛羅里達州一棵迎風搖曳的棕櫚樹下，一位男士告訴我，他如何使用高層力量躲過了充滿災難的人生。他說，他從十六歲開始喝酒，「因為乍聽之下，喝酒好像滿時髦的」。過了二十三年，他開始為了社交而喝酒，他「在一九四七年四月二十四日走到人生的盡頭」。他對拋棄他的妻子、岳母及小姨子的憤恨及苦楚到了頂點，決定殺了這三個女人。我用他告訴我的語氣，來敘述這段故事。

> 為了增強完成這樁血淋淋任務的能力，我走進酒吧。幾杯黃湯下肚，應該能讓我有足夠的勇氣可犯下三起謀殺案。當我走進酒吧時，看到一個叫卡爾的男人在喝

咖啡，我從小就很討厭他，但看到他乾乾淨淨的模樣時，我大吃一驚，也很訝異他居然在酒吧裡喝咖啡，過去光是為了喝酒，他平均每個月就得花上四百美元。另一個讓我感到奇怪的地方是，他臉上好像有著奇異的光。

因為被卡爾的出現給吸引，於是我走向他問道：『發生了什麼事，讓你喝起咖啡來？』

「我已經一年沒喝酒了。」卡爾回答。

我非常驚訝，因為卡爾跟我一起喝酒很多次。這件事出現了一段奇怪的小插曲，那就是雖然我很討厭卡爾，卻還是受到感動。我不可自抑地聽到他問我：「艾迪，你是否想過要戒酒？」

「有啊，我已經戒過幾百次了。」我說。

卡爾笑了起來，然後說：「如果你真的想解決問題的話，清醒一點，來參加長老教會每週末晚上九點的聚會，那是匿名戒酒會的聚會。」

我告訴他，我對宗教沒興趣，但或許我會去。我沒有任何興致，但我不明白，他眼裡的光芒是怎麼回事？

卡爾並沒有堅持我非得參加聚會不可，但他又重複說了一次，如果我想為自己做點什麼，他和夥伴知道怎麼解決我的問題。卡爾說完話，便離開了。我站在吧檯前點了一杯酒，但不知怎麼的，那杯酒似乎失去了吸引力。因此，我決定回家，回到那個我唯一保有的、我母親的家。

讓我解釋一下，我與一位好女孩結婚十七年，她是個沒有耐性的人，對我的酗酒問題也沒信心，最後決定跟我離婚。所以，我不只失去工作，還失去所有財產，包括我的家，也統統都沒了。

回到我母親家時，我拚命克制自己不要開酒，一直到晚上六點，我都沒有喝。我不斷想起卡爾的出現，於是，我在星期六早上去找卡爾，問他該怎麼做才能在九點的聚會前不沾一滴酒。

卡爾說：「每次你看到酒吧、威士忌招牌或啤酒場時，只要做一個小禱告——上天啊，請祢讓我離開這個地方。」然後他又加上一句：「然後就像逃離地獄一樣飛奔而去。這必須透過與上天的合作，祂會聽到你的禱告，飛奔到你身邊，成為你的夥伴。」

我完全照著卡爾所說的話去做。接下來幾個小時，我感到十分焦慮，不停地發抖，幸好有我妹妹陪在身邊。我在城裡的街上走來走去，直到八點鐘。

我妹妹說：「艾迪，從這裡到戒酒會那邊有七家酒吧，你自己走過去，如果忍不住的話，就回家喝，我們還是很愛你，也希望你一切都很好。但不知怎麼的，我覺得這個戒酒會的聚會，跟你過去參加過的聚會很不一樣。」透過上天的幫助，我安然走過那七家酒吧。

走到教堂入口時，我環顧四周，剛好看到常去的某家酒吧的招牌，對著我的雙眼發出閃耀的光芒。那時，自己該走進酒吧或戒酒會的內心衝突，我永遠不會忘記，然而，比我更強大的力量，迫使我走進戒酒會。

在走進戒酒會的房間時，讓我驚訝的是，過去我討厭的朋友伸出堅定的雙手，握住我的手，他就是卡爾。頓時，我內心對他的憎恨完全一掃而空。經過一輪自我介紹，我發現他們包括了醫師、律師、砌磚匠、機械工、礦工、建築工、泥水匠、工人……，來自各行各業。過去十年到二十五年，我跟其中某些人喝過酒。如今，在這個週末夜，他們全都很清醒，而且很快樂。

在這個戒酒會發生的事，很難說清楚，我只知道我在這裡重生了，我的感覺很不一樣。

當我在午夜愉悅地離開那裡回到家，覺得空氣輕飄飄的，而且這是我五年來第一次睡得很安穩。第二天早上醒來，我想起有個清楚的聲音對我說：「有個比你自己更強大的力量，當你了解上天，願意將自己的意志與生命交託在祂的照顧之下，祂將賜給你力量。」

那個星期日早上，我決定去教會。我參加禮拜，負責主禮的是我從小就很討厭的牧師（他希望提到這點，因為那無可避免的恨意，與情緒及心靈軟弱有很大的關係。當你心裡沒有恨意時，等於是向康復跨了一步，而愛是最有療效的力量）。他是那種看起來很平靜，總是穿著燕尾服的長老教會牧師，過去我很討厭他，這是我的錯，其實他真的很不錯。

在唱詩歌及講道的過程中，我簡直是坐立難安，內心無法平靜下來，然後牧師唸了一段《聖經》的話，他的講道也是根據這個主題：「不要小看任何人的經驗，至少他有過這個經驗。」

我這輩子永遠不會忘記這段講道，它教會我一門珍貴的功課——千萬不要輕視任何經驗，因為只要有經驗，每個人與上天都知道那個經驗的深度與誠意。

後來我很喜歡這位牧師，並認為他是據我所知最偉大、也最真誠的人之一。

我是從哪裡展開新生命的起點？真要追究起來有點困難，是在酒吧裡遇見卡爾？經過酒吧時的掙扎？參加匿名戒酒會？還是在教會？我不知道。但是，讓一個二十五年的絕望酒鬼，突然變成一個平靜的人，憑我自己是絕對做不到。過去，我戒酒戒過上千次，都沒有成功，這次我使用高層力量，而這個力量，也就是上天，祂做到了。

在跟他談話的過程中，我發現自己有種奇怪的感動。並不是他說的內容，也不是說的方式，而是他散發出來的那種對高層力量的理解。高層力量就在他身上，流過他的全身，在他的經驗裡運作，並將這些經驗傳遞給別人。這些經驗傳給了我。

本章並不是討論有關酗酒的論文，雖然我將使用的另一個例子也與酗酒有關。我以這些經驗為例的目的，是為了指出若有一種力量能幫助人脫離酗酒，同樣的力量也可以幫助任何人克服眼前的挫敗。酗酒是最難克服的問題，但我向你保證，無論你的問題有多困難，高層力量都可以幫助你解決。

讓我再舉一個例子。我訴說這個故事也是要強調有種十分適合、可以採行與使用的神祕力量，能為充滿信心的人帶來驚人的成功。

有一天晚上，在維吉尼亞州的洛亞諾克飯店裡，一位名叫查爾斯的男士，對我訴說了下面的故事。

他在兩年前讀了我的書《信心的生活指南》。那時，他認為自己與其他人都是無可救藥的酒鬼。他在維吉尼亞城裡做生意，除了有酒癮之外，是個很能幹的人，生意非常成功，但他一直有無法控制的酒癮，而且情況開始逐漸惡化。

他在閱讀我的著作時，心裡突然冒出一個念頭——如果他可以到紐約，就能解決問題。當他抵達紐約時，已經喝得爛醉，朋友把他帶到飯店便離開了。他清醒過來後，打電話給飯店門房，說他想去陶恩斯醫院（Townes Hospital，那是一家專門治療酗酒的知名診所，負責人是已故的史克沃司醫師〔Dr. Silkworth〕，他也是這方面數一數二的專家）。

門房從他那裡敲詐了超過一百美元，終於把他送進診所。經過幾天的治療，史克沃司醫師對他說：「查爾斯，我想我們對你的問題已經盡力了。我覺得你很健康。」

這不是史克沃司醫師平常的習慣，事實上，他用這種方法來處理這個個案，是為了讓病人知道，負責引領他的是高層力量。

查爾斯還是會顫抖，但仍想辦法回到市中心，直到他發現自己站在 Marble Collegiat 教會的辦公室前面。

那天是法定假日，教會是關閉的，他猶豫地站在門外，希望能進去禱告。因為找不到入口，他做了件很奇怪的事——從錢包裡拿出一張名片，把它丟進門上的信箱。

他在做這件事的瞬間，有種驚人的平靜如潮水般湧來，他感受到前所未有的釋放。他把頭頂在門上，哭得像個孩子，但他知道，他自由了，某種驚人的改變已經發生在他身上，而這個改變被日後的事實所證明。

從那時起，他過著滴酒不沾的生活。

許多這類人物的經驗都讓人印象深刻，如史克沃司醫師，他似乎掙脫醫院既有的角色，在那個心理、心靈或可稱為超自然的時刻，指出醫師本身只是受上天指派的人。

當查爾斯在洛亞諾克飯店告訴我這個故事時，事情已經過了兩年。當他在描述時，我有種好像已經聽過這故事每個細節的感覺。但事實上，他從來沒跟我說過。我想，或許是他把故事寫下來給我，所以我已經看過了，但他說沒有。我問他，是否曾把這段經歷告訴過我的祕書、助理或任何有關的人，但他表示，除了妻子以外，他從來沒跟其他人說過，而我直到那晚才遇見他妻子。顯然這件事在發生的同時，已經傳遞到我的潛意識，直到現在我才「記得」它。

為什麼他要把名片投進信箱？或許那是象徵性地向屬靈的家說話，向上天說話。這是個富有戲劇性及象徵性的動作，讓他把自己與挫敗分開，並轉向高層力量求助，而高層力量立刻將他帶離自己，並且醫治了他。

這件事指出，**若是有深切的欲望、強烈的渴求，並真誠地向高層力量索求，祂就會賜給你需要的力量。**

我在本章提過幾個超出人類經驗的故事，每段經驗都以不同的方式，顯示了重生力量的無所不在與可使用性，它超乎我們的存在，卻又存在我們裡面。你的問題可能不是酗酒，但高層力量可以治癒任何困難問題，這也是本章及整本書一再強調的，那就是任何問題、困難或失敗，都可以藉由信心、正向思考及向上天禱告而解決。這個方法既簡單又可行，而且上天永遠會幫助我們，就像下面這封信的主人所得到的協助。

親愛的皮爾博士：

自從我們第一次見面，同時我開始到 Marble Collegiat 教會以來，我們以為一切美妙的事情都發生過，不會再出現奇蹟了。

你知道，六年前的這個月，我破產了，還負債好幾千美元，整個人精疲力盡，又沒什麼朋友，因為我飲酒過度——由此可知為什麼我必須三不五時掐掐自己，好確定我的好運不只是夢而已。

正如你所知道的，六年前我的問題不只有酗酒。你說，那時的我，是你見過最負向的人。你只說對了一半，因為我內心充滿不平及忿怒，也是你這輩子見過最刻薄、最沒耐性、最自大的人。

現在，請不要誤以為我已經克服了這些缺點，我並沒有。我跟其他人一樣，每天仍必須工作，但當我試著遵照你的教誨進行後，也漸漸學會了控制自己，已經愈來愈少批評同事了，這就像是從監獄裡被放出來一樣。我做夢也沒想到，生命可以充滿了奇妙。

真誠的迪克

所以，何不使用高層力量呢？

向上思考力

使用高層力量的實踐守則

1. 放輕鬆，深呼吸三次，慢慢吸氣，吐氣。練習讓自己躺在上天的懷裡，練習倚靠祂的支持與力量。相信祂能給你支持與力量。
2. 以輕鬆、容易的態度做該做的事，盡全力並相信自己的能耐。
3. 以正向、樂觀的態度面對問題，相信自己擁有符合處境所需的力量。
4. 將生命交在上天手中，堅信自己的生命是被上天所引導的，就算最普通的細節也一樣。
5. 相信任何問題、困難或失敗，都可以藉由信心、正向思考及向上天禱告而解決。
6. 若是有深切的欲望、強烈的渴求，並真誠地向高層力量索求，祂就會賜給你所需要的所有力量。

後記
Epilogue

你已經讀完本書了，你讀到了什麼？這裡只是提供一些如何過著成功生活的實用且有效的方法，但你所讀到的法則及方法，都能夠幫助你在每次挫敗中贏得勝利。

書中列舉的案例，都是相信並使用我建議的方法之人們。訴說這些故事的目的，是為了顯示透過同樣的方法，你也可以跟他們一樣得到相同的結果。但是，光讀這本書是不夠的，現在，請你持續練習書中提到的每個技巧，堅持下去，直至得到你想要的結果。

撰寫本書，是因為我真誠地渴望能幫助你，若是本書能幫得上忙，將是我最大的喜悅。我對書中強調的原則與方法有絕對的信心與信仰，因為它們已在屬靈的實驗與實務經驗中被證明無誤，只要使用它們，一定有用。

或許我們無法見面，但可以在這本書裡相見。我們是屬靈的夥伴，我會為你禱告，上天將幫助你，請相信並活得成功。

——諾曼・文生・皮爾

New life

07

New life
07